북한경제는 죽지 않았습니다만

김영희 | 동국대학교 북한학연구소 객원연구원
황주희 | 통일연구원 부연구위원
선슬기 | (사)한반도개발협력연구원 북한시장화연구센터 연구실장
장혜원 | 하나은행 하나금융연구소 수석연구원
최재헌 | 산업은행 미래전략연구소 북한동북아연구위원
윤세라 | 덕성여자대학교 지식문화연구소 연구교수
정일영 | 서강대학교 사회과학연구소 연구교수

북한경제는 죽지 않았습니다만

초판 1쇄 인쇄 2025년 04월 30일
초판 1쇄 발행 2025년 05월 02일

지은이 김영희·황주희·선슬기·장혜원·최재헌·윤세라·정일영
펴낸이 윤관백
펴낸곳 선인
등 록 제5-77호(1998.11.4)
주 소 서울시 양천구 남부순환로 48길 1(신월동 163-1) 1층
전 화 02)718-6252/6257 | **팩 스** 02)718-6253
E-mail suninbook@naver.com

정 가 21,000원
ISBN 979-11-6068-972-3 93300

* 잘못된 책은 바꿔 드립니다.

북한경제는 죽지 않았습니다만

정일영
윤세라
최재헌
장혜원
선슬기
황주희
김영희

Prologue

우리에게 북한은 위기가 일상화된 곳으로 알려져 있다. 매일 전해지는 북한 뉴스는 그들의 위기를 증명하는 사건, 사고로 채워진다. 특히 북한의 경제는 정상적인 모습이 떠오르지 않을 정도로 '위기'라는 단어가 함께한다. 북한의 핵무기 개발은 국제사회의 대북 제재로 이어졌고 고립된 북한은 무너질 일만 남은 것 같았다. 그렇게 북한은 언젠가 붕괴할 나라로 여겨져 왔다.

하지만 북한경제는 죽지 않았다. 아니 우리가 따라가지 못할 정도로 하루하루 역동적인 변화를 겪고 있다. 1990년대 중반 식량난 속에 등장한 시장은 돌이킬 수 없는 생존공간으로 북한 사회에 자리 잡았다. 기업은 북한식 시장경제에서 이익을 위해 경쟁하고 있으며 비공식 인력시장은 일상의 한 장면이 되었다. 멈춰버린 듯한 북한이란 사회에서 어떻게 이런 변화가 가능한 것일까?

어쩌면 우리는 북한에서 일어나는 변화를 어렴풋이 느끼면서도 애써 외면했는지 모른다. 남북관계가 중단된 지도 5년이 넘었다. 북한은 이제 남남으로 살자며 '적대적 두 국가관계'를 내놓았고 우리 국민의 대북·통일 인식 또한 '최악'을 경신하고 있다. 사정이 이렇다 보니 공공연히 '왜 북한을 연구하느냐?'는 질문도 늘어나고 있다.

남북관계가 중단되고 북한에 대한 인식이 악화되는 상황에서 북한 연구 자체가 부정적으로 인식되는 문화가 학계와 우리 사회 전반으로 퍼져

나가고 있다. 하지만 이 책의 필자들은 북한에 대한 우리의 인식과 상관없이, 아니 그 인식이 더 악화될수록 북한 연구를 멈추지 말아야 한다고 생각한다. 그만큼 북한은 우리 미래에 가장 큰 변수 중 하나이기 때문이다.

이 책은 죽어가는 줄만 알았던 북한의 경제를 분석한다. 구체적으로 김정은 시대의 북한경제가 어떻게 변하고 있는지 핵심적인 분야들을 중심으로 살펴볼 것이다. 김정은 시대의 북한은 단순히 '북한'이란 이름으로 모든 것을 단순화하기 어려운 복잡하고 다층적인 변화가 현재 진행 중이다. 과연 무엇이, 어떻게 변하고 있는 것일까?

이 책은 8개의 장으로 구성되어 있다. 1장에서는 김정은 시대의 경제정책을 국가발전전략을 중심으로 분석하였다. 국가재정을 핵무기와 재래식 무력 개발에 우선 투자했던 김정일과 달리, 김정은의 경제정책은 한쪽으로 핵무기 개발을 하면서도 경제를 소홀히 할 수 없다는 전략, 다시 말해 핵 개발과 경제라는 두 마리 토끼를 '한 방'에 잡겠다는 전략이다. 그 결과 북한은 전에 없었던 김정은식 '개발 있는 독재'가 시작되었고 전 국가적인 산업개발과 주택개발 등 발전전략이 진행되고 있다.

2장에서는 북한경제의 새로운 강자로 등장한 기업에 대해 알아본다. 계획경제에서 당의 통제하에 있었던 기업은 '사회주의기업책임관리제'를 통해 새로운 경영 권한을 행사할 수 있게 됐다. 이제 북한의 기업은 생산을 위한 자금과 원자재를 스스로 확보하고 더 좋은 상품을 만들기 위해 기술을 개발할 뿐 아니라 마케팅에도 신경써야 한다. 더 많은 권한을 얻어낸 만큼 더 많은 책임으로 생존경쟁에서 살아남아야 한다.

3장에서는 이제 북한 주민들의 삶에 없어서는 안 될 필수공간이 된 소비재시장을 분석했다. 1990년대 중앙공급체계가 붕괴된 이후 북한 전역에 400여 개의 종합시장이 운영되고 있다. 2000년대까지 북한 시장을 중국 제품이 장악하고 있었다면 이제는 북한 상품이 함께 경쟁하고 있다. 상품의 질을 제고하기 위한 다양한 투자가 이뤄지며 고객의 수요를 고려한 상품이 소비재시장에 늘어나고 있다. 대도시를 중심으로 리모델링된 백화점은 상류층의 소비를 자극하고 있다.

4장에서는 북한의 숨어 있는 시장, 노동시장을 찾아간다. 북한의 노동시장은 여전히 당국이 강력하게 통제하는 불법의 영역이다. 북한 당국은 노동력의 상품화를 강력히 거부하며 노동시장을 인정하지 않고 있다. 하지만 당국의 의도와 상관없이, 시장화의 진전 속에 노동시장이 대다수 북한 주민의 필수적인 생계 수단이 되고 있다. 노동시장은 또한 노동자들의 근로소득을 보장해주고 노동계획의 경직성을 완화해주는 등 여러 측면에서 체제 보완적인 역할도 감당한다.

5장에서는 북한경제의 돈 줄기, 금융에 대해 알아본다. 북한은 중앙은행(조선중앙은행)이 예금, 대출 등 상업은행 기능까지도 담당 하는 '단일은행제도'를 유지해 왔다. 하지만 시장화에 따라 주민들의 자금 수요가 늘어나면서 내부 유휴자금을 활용해야 할 필요성이 커졌고, 김정은 집권 이후 상업은행들이 생겨나면서 금융의 역할이 더욱 강조되고 있다. 또한 개인 간 현금거래가 증가하면서 돈의 흐름을 파악하기 위해 전자결제카드 사용을 권장하고 있으며 북한 원화보다는 달러와 위안화 등 외화를 선호하는 모습까지 나타나고 있다.

6장에서는 최근 북한이 강조하고 있는 지방경제에 대해 분석했다. 북한은 정권 수립부터 지방경제 발전을 외쳤지만 성과는 미비했다. 하지만 김정은 정권 시기의 지방경제 정책은 분명 주목할 만하다. 김정은 시대에 북한은 「지방예산법」, 「시, 군 발전법」 등의 법 제정을 통해 지방경제의 법적 토대를 마련하였고 '새시대 농촌혁명강령', '지방발전 20×10 정책' 등을 통해 구체적인 목표를 제시하고 있다. 과연 이번에는 지방경제에 새로운 변화를 보여줄 수 있을까?

7장에서는 북한경제를 옥죄는 국제사회의 대북 제재와 북한 경제의 상관관계에 대해 알아본다. 국제사회는 북한의 핵무기 개발에 대응해 이전에 없던 대북 경제제재를 단행했다. 여기에 2020년 코로나-19 팬데믹으로 북한 경제는 밀봉에 가까운 고립상태에 놓이게 된다. 하지만 미-중 무역전쟁과 미-러의 갈등 속에 대북 제재 동맹이 느슨해지고 있다. 이제 북한은 러시아와 안보, 경제협력을 통해 출구전략을 모색하고 있다.

마지막으로, 8장에서는 김정은 시대의 북한경제가 어떻게 변하고 있는지 정리한다. 위기가 일상인 북한에서 경제는 우리가 생각하는 것보다 빨리, 다양한 변화의 양상을 보여주고 있다. 어쩌면 우리가 그들의 변화를 애써 받아들이지 않고 있는 것은 아닌지 질문하게 된다.

집필진들은 이 책에서 무자비한 정치체제라는 이미지에 가려진 북한 경제의 다양한 변화상을 있는 그대로 드러내려 노력했다. 남북관계가 파국을 맞은 상황에 무슨 북한 연구냐는 비판을 마주하면서도 더 힘을 냈다. 그들의 변화를 제대로 이해하지 못한다면, 우리의 미래 또한 제대로 그려내지 못할 것이라 생각했기 때문이다.

어려운 상황 속에서 이 책의 출판을 기꺼이 맡아주신 도서출판 선인의 윤관백 대표님, 그리고 원고 수정과 편집 과정에서 배려해주시고 궂은일을 도맡아 주신 선인 편집팀 여러분께 진심으로 감사의 말씀을 전한다.

이제 북한의 공장에서, 시장에서, 지역의 농촌에서 스스로의 삶을 하루하루 살아가는 북한 주민들을 만나보자. 그리고 딱딱해 보이는 제도와 그 뒤에 가려진 삶의 공간에서 일어나는 변화를 알아가 보자.

북한경제연구회
김영희, 황주희, 선슬기, 장혜원, 최재헌, 윤세라, 정일영 드림

Prologue 5

Ⅰ. 김정은 시대의 경제정책 김영희 • 13

   1. 국가발전전략: 경제·핵 건설 병진   19
   2. 대내 경제정책: 분권에 의한 국가경제관리   25
   3. 대외 개방정책: 전국의 특구화   30
   4. 산업정책: 가시적 성과 위주의 산업 선택과 집중   36
   5. 인재정책: 전민 과학기술 인재화   41

Ⅱ. 기업의 변화 황주희 • 47

   1. 원자재 수급: 최대한 재활용을 합시다   51
   2. 경영자금 확보: 수수료와 민간자본   56
   3. 가격과 판매 관리: 기업이 주체가 되어   62
   4. 기술개발: 산·학·연 똘똘뭉쳐   68
   5. 마케팅: 브랜드 PR시대   72

Ⅲ. 소비재시장의 변화   선슬기 • 77

　1. 시장 확산: 전역에 퍼져 있는 종합시장   81
　2. 시장 내부 변화: 소비자 밀착형으로   87
　3. 상품 다양화: 수입품 VS 국산품   91
　4. 유통채널 다각화: 공식과 비공식의 두 얼굴   97
　5. 재정 확충: 시장이 불러일으키는 재정 빌드업   104

Ⅳ. 노동시장의 변화   장혜원 • 109

　1. 직업과 일자리: 공식 직업과 비공식 일자리   113
　2. 붉은 자본가: 임금 노동자를 고용하는 사람들   120
　3. 노동력 중개인: 누가 유휴노동력을 잘 아나?   127
　4. 북한식 수공업 단지: 그물마을, 초물마을, 마광기마을   132
　5. 통제와 활용: 당국의 공식 통제와 비공식 활용   135

V. 금융의 변화   최재헌 • 139

     1. 현금 증가: 시장거래로 늘어나는 현금   145
     2. 돈의 행방 찾기: 전자결제카드 사용 권장   147
     3. 외국 화폐 선호: 위안화, 달러로 주세요   151
     4. 상업은행 등장: 주민 보유자금을 유치하라   157
     5. 사금융 번창: 고리대에서 벗어나고 싶어요   161

VI. 지방경제의 변화   윤세라 • 167

     1. 법의 탄생: 지방경제 관련 법 첫 등장   172
     2. 북한식 새마을운동: 김정은 시대의 농촌발전   177
     3. 지방공업: 매년 20개 군을 10년간 발전시키자   181
     4. 세원의 다양화: 각자도생 지방재정의 원천   187
     5. 해외투자 유치: 지방 경제개발구, 실행은 아직   191

Ⅶ. 대북 제재와 북한경제　　　　　　　　　　정일영 • 195

　1. 제재의 원리: 사람, 돈, 물자를 막아라　　　　　200
　2. 제재의 비밀: 무시무시한 달러의 힘　　　　　　204
　3. 제재의 영향: 쪼그라든 대외 무역　　　　　　　208
　4. 정면 돌파: 자력갱생과 수입대체 산업화　　　　211
　5. 뉴 플랜: 제재의 이완과 새로운 출구전략　　　 215

Ⅷ. 북한 경제는 아직 살아있습니다만　　　　　김영희 • 223

참고자료 • 237

I

김정은 시대의 경제정책

김영희

경제는 우리 생활에 필요한 의식주를 채워주는 부문으로 인간의 삶과 매우 밀접하게 연관되어 있다. 이런 이유로 국가의 경제정책 변화는 모두의 관심 대상이 되어왔다. 특히 고립 국가인 북한에 대해서는 더더욱 그러하다. 글로벌 디지털 시대에 쏟아지는 정보는 타국의 정치, 경제, 문화 등에 대한 궁금증을 해소해 주지만, 북한만큼은 예외이다. 아마도 북한이 외부와 가장 단절된 나라 중 하나이기 때문일 것이다. 김정은 시대의 북한을 분석하는 학자들 또한 그들이 '변하고 있다'와 '그렇지 않다'로 엇갈린다. 우리의 질문은 여기서부터 시작된다. 과연 김정은 시대의 북한 경제는 변하고 있는가? 변하고 있다면 왜, 그리고 어떻게 변하고 있을까?

김정은이 집권한 첫해인 2012년 4월, 김정은은 '김일성 탄생 100돐 경축 열병식'에서 첫 육성 연설을 했는데 아주 파격적이다.

> 우리 인민이 다시는 허리띠를 조이지 않게 하며 사회주의 부귀영화를 마음껏 누리게 하자는 것이 우리 당의 확고한 결심입니다.
>
> (김정은 연설 내용 중)

북한 최고지도자의 육성 연설은 1994년 김일성 신년사 발표 후 30년 만이었다. 김정일은 집권 기간 단 한 번도 신년사, 시정연설 등 주민들에게 희망을 줄 수 있는 연설을 해본 적이 없다. 그래서 북한 주민들은 김정일이 '혀가 짧아 연설 못 한다'고 생각했다. 그런데 청년 지도자 김정은이 주민들 앞에서 앞으로 잘 살 수 있는 사회를 약속했으니, 주민들 처지에서는 한 번쯤은 믿어볼 만했다. 3대 세습에 대한 강한 부정보다 '아버지와는 뭔가 다르다'라고 느꼈다. 특히 김정은의 연설 중 '허리띠'와 '부귀영화'는 주민들의 마음을 사로잡기에 충분했다.

사실 북한에서 최고지도자의 육성 연설은 주민들에게 정책 방향을 전달하는 기회이자 '주민과의 약속'으로 매우 중요한 행사이다. 최고지도자가 직접 자기 입으로 부귀영화를 약속했으니, 주민들은 희망과 기대를 안고 살아갈 만했다. 거기에 김정은이 '이민위천', '인민대중 제일주의'를 내세웠으니, 생활이 어려워 탈북하고 싶던 사람도 잠시 결정을 늦출 수밖에 없었다. 한국에 거주하고 있는 한 탈북민이 북한에 있는 어머니와 형제들을 한국에 입국시키기 위해 시도했지만, 돌아온 대답은 '우리도 잘 살날이 올 것이니 조금 기다려 보겠다'였다. 이는 집권 초 김정은에 대한 북한 주민들의 믿음과 신뢰를 보여주는 대목이다.

2012년 겨우 28살이었던 김정은은 무슨 이유로 아버지, 할아버지가 수십 년 동안 이루지 못한 '배부른 생활'을 주민들과 약속했던 것일까? 이는 어린 나이에 스위스에서 공부하면서 보고, 듣고, 느낀, 많은 것들이 영향을 준 것은 아닐까, 싶다. 김정일의 요리사로 알려진 후지모토 겐지의 책 『북한의 후계자 왜 김정은인가』(2010)에는 이런 내용이 있다. 김정은이 16살이던 2000년 8월 어느 날, 김정은은 후지모토 겐지에게 이렇게 말했다고 한다.

우리나라는 아시아의 다른 나라에 비해 공업 기술이 한참 뒤떨어져. 우리나라에서 내세울 것이라곤 지하자원인 우라늄 광석 정도일 거야. 초대소에서도 자주 정전이 되고 전력부족이 심각해 보여. … 일본이 미국에 졌지. 하지만 멋지게 부활한 것 아냐. 상점에 가봐도 물품들이 얼마나 넘쳐나던지. 우리나라는 어떨까?

중국은 여러 가지 면에서 성공하고 있는 것 같아. 공업이나 상업, 호텔, 농업 등 모든 것이 잘나가고 있다고 위에서 이야기하더군. … 13억의 인구를 먹여 살릴 수 있는 농업의 힘도 대단하고 식량 수출도 성공적이라고 하더군. 여러 가지 면에서 우리가 본보기로 삼지 않으면 안 되겠지?

이는 세계관이 형성되던 시기 해외 경험을 한 김정은이 북한과 꼭 같이 사회주의를 주창하는 이웃 나라인 중국은 이처럼 잘 사는데, 완전히 대비되는 북한에 대한 고민이었던 것 같다.

그리고 집권 첫해인 2012년 1월, 노동당 간부들에게 "비판만으로 경제관리 방법을 현실 발전의 요구에 맞게 개선할 수 없으며, 허심탄회하게 경제 재건책을 논의해야 한다"며 "민생문제 해결을 위해 중국, 러시아, 일본의 활용할 만한 방법을 도입하라"고 지시했다. 중국은 이념적으로는 북한과 같은 사회주의국가지만 개혁개방을 통해 시장경제를 받아들인 사회주의 시장경제 체제이고, 러시아는 정치·경제적으로 체제 전환을 한 자본주의 시장경제 체제이다. 특히 일본은 전통적인 자본주의 시장경제 체제이다. 시장경제 체제에 대한 김정은의 관심을 보여주는 대목이다.

2013년 10월에는 중앙당과 내각, 지방경제 부문의 책임 간부와 한 비공개회의에서 "경제발전을 위해 자본주의 침투를 두려워하지 말고 대담하게 대도시들과 국경을 개방하라"고 주문했다. 2012년 1월 당시 북한의 최고인민회의 상임위원회 부위원장이었던 양형섭은 미국 AP통신과의 인터뷰에서 '김정은이 지식기반경제에 집중하고 중국을 포함한 다른 국가의 경제개혁 사례를 연구하고 있다'고 밝히기도 했다. 이처럼 김정은은 청년 지도자가 된 초기부터 변화만이 주민 생활을 개선할 수 있고 그것만이 정권과 체제를 유지할 수 있는 길임을 인식하고 경제발전을 위한 다양한 정책들을 내놓았다.

국가경제관리방법인 사회주의기업책임관리제와 농장책임관리제, 경제개발구 지정, 주택 및 산업 건설과 같은 경제 부문별 정책 그리고 2024년에 제시된 '지방발전 20×10 정책' 등이 대표적이다. 이는 이행 또는 효율성 여부를 떠나 북한 당국이 새로운 변화를 통한 경제발전 노력을 하고 있음을 보여준다. 이로부터 국산품의 시장공급 증가 등 다소 주민 생활에 긍정적인 영향을 주고 있다.

1장에서는 김정은 시대의 북한경제를 이해하기 위해 국가발전전략의 변화를 추적하고 대내·대외 정책의 특징을 분석한다. 또한 김정은 시대의 산업정책은 무엇이고 그가 특별히 강조하고 있는 과학기술 인재 정책에 대해서도 분석해 보겠다.

1
국가발전전략: 경제·핵 건설 병진

경제를 버리고 갈 수는 없어

김정은 정권의 국가발전전략은 2013년 3월에 개최된 노동당 중앙위원회 제6기 23차 전원회의에서 발표된 '경제·핵무력 건설 병진 노선'이다. 김정은은 회의에서 "제국주의자들의 핵 위협이 지속되는 한 경제건설과 함께 핵무력 건설을 절대불변의 노선으로 틀어쥐고 핵 억제력을 더욱 억척같이 다져나가야 한다"며 경제·핵무력 건설 병진 노선을 공식화했다.

북한 경제는 핵무기와 떼어놓고 생각할 수 없다. 북한은 핵무기 없이는 생존할 수 없기 때문이다. 이것은 지금까지 필자가 가졌던 굳건한 인식이다. 지난 수십 년간 경제난과 식량난으로 수백만의 아사자를 발생시키면서까지 핵무기 개발을 고집한 북한이 아니던가. 김정일은 생전에 모택동의 총구 철학을 모방해 "총대 위에 평화가 있고 총대에 녹이 슬면 노예가 된다"는 총대 중시 철학을 강조했다. 김정일은 이러한 총대 중시에 기초해 핵개발의 필연성을 강조했고

| 북한의 경제·핵무력 건설 병진노선 선전화 ⓒ〈연합〉

I. 김정은 시대의 경제정책 19

2006년 1차 핵실험에 이어 2009년 2차 핵실험을 단행하며 명실상부한 핵보유국이라 공언했다.

아이러니하게도 북한은 정권 수립 이후 지속해서 핵 개발을 추진했으나, '핵무력 건설'을 전략노선으로 채택한 적은 없다. 김일성은 경제·국방 병진을, 김정일은 국방공업 우선을 국가 발전 전략으로 내세웠다. 북한의 국방공업, 즉 방위산업은 재래식 무기와 핵무기가 모두 포함되는 개념이다. 이런 측면에서 김정일 정권에서의 국방 우선 전략은 김정은의 경제·핵 병진과 달리 오롯이 방위에만 초점을 둔 전략으로 김정은의 국가 발전 전략과 차이가 있다.

김정은은 왜 집권 직후 핵 무력과 경제를 병행하는 전략을 대내외에 선포했을까? 김일성처럼 경제·국방 병진이라고 해도 될 텐데 굳이 핵무기를 꼬집은 전략이었을까? 우선 자금 배분의 측면에서 경제·핵 병진은 비대칭 전력인 핵무기 개발 투자를 통해 재래식 전력 비용을 줄여 민수 부문에 돌릴 수 있다고 판단했을 것이다. 반면 김정일의 국방 우선 전략은 국가재정을 국방 부문에 먼저 사용하고 남는 것이 있어야 경제에 사용하도록 했으니, 경제는 신경 쓰지 않겠다는 것과 다름없었다. 다시 말해 김정은은 국가재정을 핵무기와 재래식 무력 개발에 투자하던 김정일과 달리 핵무기 개발만 선택하고 집중하는 전략으로 선회하면서 경제 병행을 강조한 것이다.

하지만 재래식 무력 개발 비용을 줄인다고 하더라도 핵무기 개발에 들어가는 비용이 만만치 않으니 경제 부문 투자가 제대로 될지 의문이다. 병행은 말 그대로 '나란히'라는 의미로, 경제와 국방 즉 핵 무력을 함께 밀고 나가겠다는 취지인데, 한정된 국가재정에서 사실상 제로섬 게임이 발생할 수밖에 없다. 그럼에도 액면 그대로 살펴보면 경제를 무시하고 국방공업을 우선하던 김정일 정권의 국가 발전 노선과는 다소 다름은 부인할 수 없다.

핵 개발로 두 마리 토끼를 한방에

경제·핵 병진 노선은 정권 유지 전략이기도 하다. 김정은 집권 초기는 김정일 때와 달리 전국에 400여 개의 시장이 형성되어 아사자가 감소하고 공식 경제도 조금씩 나아지는 시기였다. 생산재·노동·사금융시장을 통해 원료 자재, 노동력, 자금이 생산 주체에 공급되고 이를 통해 상품이 생산되고 있었다. 또한 주택이 건설되며 소비재시장과 부동산시장에 공급되는 등 5대 시장 간 작동 메커니즘도 형성되었다.

이러한 시장 활성화는 당국의 노력과 무관하게 공식 경제와 주민 생활에 적지 않은 긍정적 영향을 미쳤다. 그러나 새롭게 출범한 김정은 체제는 급속한 후계체제 구축과정에서 국정운영 경험이 부족했고 기존 관료 집단

| 북한 조선노동당 8차 대회에서 연설하는 김정은 ⓒ〈연합〉

Ⅰ. 김정은 시대의 경제정책

과의 갈등도 해결해야 했다. 분명 쉽지만은 않은 과제들이었다.

집권 초기의 불안정 속에 김정은은 체제 유지에 비상한 관심을 두게 되었고, 체제 유지의 핵심은 핵 보유를 통한 군사력 강화로 귀결되었다. 김정은 정권은 체제 유지의 이유를 왜 핵 보유에서 찾은 것일까? 그것은 우선 핵 보유를 북미 관계 개선의 지렛대로 활용할 수 있다고 봤기 때문이다. 북한이 핵실험을 통해 핵무기의 소형화, 상용화에 성공하면 비확산을 위해서라도 미국이 북미 관계 개선에 나올 가능성이 크다고 판단했을 것이다.

또한, 재래식 군사력에 의한 남북한 군비경쟁의 한계를 극복하기 위한 선택이다. 북한은 한미동맹이 유지되는 한 한국과의 재래식 군사력에서 열세에 처할 수밖에 없었다. 결국 이를 극복하기 위해 비대칭 전략으로 핵무기를 선택한 것이다. 핵무기 한 대가 탱크 5천 대를 운영하는 것과 같은 효과를 본다는 말이 있다. 경제난으로 지속적인 군비 증가가 어려운 조건에서 핵무기는 염가의 군사력 강화 수단이다.

북한의 입장에서, 핵무기는 신냉전 시대에 자주국방을 실현할 수 있는 어쩌면 유일한 수단이었을 것이다. 북한은 1945년 해방 이후 구소련을 통해 군사 장비들을 지원받았으나 이제는 골동품이 된 지 오래다. 결국 재래식 무기로 자주국방을 이루기는 어려우나, 핵무기라면 가능하다는 것이다.

마지막으로 핵 보유는 체제 유지를 위한 주민결속 수단으로 이용할 수 있다. 북한 주민들은 사회주의 이념에 따라 자본주의에 대한 대립의식이 강하다. 북한 주민들에게 체제 수호의 자신감을 심어주는데 핵무기만한 것이 있겠는가? 이런 이유로 김정은은 경제발전과 함께 핵 무력을 완성한다는 국가발전전략을 선택한 것이다. 한마디로 집권 초기 '핵 보유를 통한 경제 개발!' 이것이 김정은의 국정철학이라 할 수 있다.

경제·핵 병진은 김정은식 '개발 있는 독재'

세상이 알고 있는 것처럼 북한은 정권 수립 이후부터 지금까지 독재 체제를 유지하고 있다. 김일성은 일당독재로, 김정일은 일인 독재로, 김정은은 다시 일당독재로 국가를 운영하고 있다. 김정은은 이러한 독재방식에 경제 개발을 더했으니, '개발 있는 독재'라 할 수 있다. 아마 북한 주민들은 어차피 독재 체제에 살고 있으니 '개발 없는 독재'보다 '개발 있는 독재'를 선호할 수 있다. 그것은 개발독재에서 경제성장을 이룬 국가들의 사례가 적지 않기 때문이다.

김정은식 개발독재는 다양한 정책들과 함께 추진되었다. 김정은 체제가 출범된 후 2014년까지 '사회주의기업책임관리제'와 '농장책임제'를 통한 대내 개혁, 그리고 '경제개발구'를 통한 대외 개방정책이 가장 먼저 제시되었다. 이로부터 기업은 중앙의 통제에서 일정 부분 벗어나 상당한 권한을 갖게 되었다. 농민들은 토지를 임대받아 생산물 일부를 수매하고 일부는 자체로 소비할 수 있게 되었다. 이러한 개혁조치는 일부 기업과 농장에서 성과를 보이고 있는 것으로 보인다. 그러나 외자유치를 통한 지역경제 개발(경제개발구)은 국제사회의 대북 제재로 성과 달성에 어려움을 겪고 있다.

북한이 단행한 6번의 핵실험 중 4번은 김정은 정권에서 이뤄졌다. 김정은이 경제·핵 병진 노선을 발표하기 바로 전 달이었던 2013년 2월 12일에 3차 핵실험이 진행했다. 그리고 2015년까지 핵실험뿐 아니라 장거리 미사일 발사 실험도 하지 않고 외자 유치에만 전념했다. 이 시기에 「경제개발구법」 제정, 경제개발구 지정, 경제 개발 전문가 양성을 위한 대학과 학과 신설, 경제개발구 전문가 토론회, 그리고 경제개발구 관련 규정 제정 등 다양한 활동이 추진되었다.

이 중에서도 가장 높은 빈도를 차지한 것은 경제개발구 지정 관련 사업이다. 아마 김정은은 이러한 노력으로 외국기업의 투자가 이뤄진다고 착각했던 것 같다. 그는 약 3년에 걸친 외자 유치 노력에도 단 한 건의 성과도 달성되지 못한 결과를 지켜보면서 핵 개발과 경제 개발을 병행될 수 없음을 점차 깨달았을지도 모른다.

결국 북한은 국내에서 해결할 수 있는 대내 개혁에만 집중하면서 한편으로는 핵 개발에 속도를 내기 시작했다. 2016년 1월 6일에 4차 핵실험, 2월 7일에는 ICBM 광명성호를 발사했고, 9월 9일에는 5차 핵실험을 강행했다. 2016년에만 무려 2차례의 핵실험과 한차례의 장거리 미사일 발사를 강행한 셈이다. 그리고 2017년 9월 3일에는 6차 핵실험을, 11월에는 ICBM 화성-15형의 시험발사 성공 후 국가 핵 무력 완성을 선포했다. 2년이라는 짧은 기간에 엄청난 실험을 통해 핵 무력 완성을 선포한 것은 경제 건설을 가로막는 핵무기 개발을 단기간에 끝내고 싶은 욕구 때문으로 판단된다.

그리고 2018년, 김정은은 핵과 미사일개발이 아닌 온전히 경제 개발에 집중하는 노선을 발표했다. 공식적으로는 '사회주의 경제건설 총력 집중 노선'이다. 사실 북한이 국방을 뒤로하고 오롯이 경제에 집중하는 국가발전전략 노선을 제시한 것은 정권 수립 이후 처음 있은 일이다. 그러나 2019년 2월 북미정상회담이 결렬되면서 다시 경제-핵병진 전략으로 선회하였고 2022년 9월 최고인민회의 제14기 7차 회의를 통해 핵무력 사용 정책을 법제화하였다. 북한의 이러한 경제·핵 건설 병진 노선은 지금도 국가발전전략 노선으로 유지되고 있다.

2. 대내 경제정책: 분권에 의한 국가경제관리

경영활동 책임이 국가에서 경제주체로

대내 경제정책에서 가장 대표적인 것이 국가경제관리 방법의 변화이다. 원래 북한의 국가경제관리 방법은 두 가지, 하나는 공업 관리 방법인 '대안의 사업체계'이고, 다른 하나는 농업관리 방법인 '농업지도체계'이다. 이러한 국가경제관리 방법은 사회주의 계획경제를 대표하며, 김일성이 제시한 경제관리 방법으로 대를 이어 계승해야 할 유훈이나 다름없다. 그럼에도 김정은은 집권 직후부터 경제관리 방법의 개선을 논의했고 2014년 5월에 공식 발표했다.

그리고 2019년 헌법 개정을 통해 새로운 우리식의 경제관리 방법인 '사회주의기업책임관리제'를 헌법에 명시했다. 이로부터 국가경제관리는 중앙집권적 지도에서 벗어나 지방과 기업이 스스로 경영활동을 책임지고 관리하는 방법으로 전환되게 되었다. 북한은 이를 두고 새로운 경제관리 개선 조치라고 한다. 그럼에도 필자는 북한의 이러한 경제개선을 제한적인 대내 개혁이라고 강조하고 싶다.

북한은 원래 개혁이라는 용어에 매우 부정적이다. 뭔가 변화를 위한 정책 제시에서 꼭 '개혁'이 아닌 '개선'이라는 용어를 쓴다. '고난의 행군' 시기인 2002년 무너진 경제를 추켜세우려고 처음으로 추진하려고 했던 정책도 '7.1 경제관리 개선 조치(7.1 조치)'이고 김정은 집권 이후 추진한 경제정책도 '우리식 경제관리 개선 조치'이다. 네이버 검색에 따르면 개혁은 제도나 기구 등을 새롭게 만들거나 재제작하는 상황에 사용되는 단어로서 좋게 바꾼다는 '개선'과 달리 새롭게 뜯어고친다는 뜻이다.

북한이 개혁이 아닌 개선이라는 용어를 사용하는 것은 개혁이 '혁명'과 거의 일치한다고 보기 때문이다. 이는 1998년 김정일이 노동당 책임일군들과 한 담화의 내용을 통해서도 알 수 있다. 당시 김정일은 "제국주의자들의 개혁개방 책동은 용납될 수 없는 침략 오해 책동이다"라는 주제의 담화를 통해 "개혁이란 낡은 것을 개조하고 혁신하는 과정이며, 가장 철저한 개혁은 다름 아닌 사회적 변혁-사회혁명이다"라고 언급했다.

김정일과 배치되는 김정은의 사고

선대와 달리 김정은은 경제개혁에 대해 다소 파격적이다. 집권 첫해인 2012년 1월 관료들에게 "경제 분야의 일꾼과 경제학자가 경제관리에 대한 의견을 내놓아도 색안경을 낀 사람들에 의해 자본주의 방법을 도입하려 한다며 비판받기 때문에 경제관리에 관한 방법론에 의견을 갖고 있어도 제안하려 하지 않는다. 비판만으로 경제관리 방법을 현실 발전의 요구에 맞게 개선할 수 없다. 허심탄회하게 경제 재건책을 논의해야 한다. 민생문제 해결을 위해 중국, 러시아, 일본의 활용할 만한 방식을 도입해라"라고 지시했다.

이러한 지시는 2002년 '7.1 조치' 이후 자본주의 방식의 도입이라며 이를 추진한 박봉주 내각 총리를 해임한 김정일 정권과 배치되는 대목이다. 김정은 지시 이후 그해 6월 '우리식의 새로운 경제관리 체계를 확립할데 대하여'라는 '6.28 방침'이 나왔고 2014년 '5.30 담화'를 통해 대내 개혁이 세상에 선포되었다. 경제개혁에는 농업개혁·금융개혁과 같은 산업 부문별 개혁도 있으나, 사회주의 계획경제에서 가장 중요한 것이 계획이다.

북한은 지구상에 남은 유일의 사회주의 계획경제 국가이다. 중국은 70년대 말, 베트남은 80년대 중반 사회주의 계획경제에서 사회주의 시장

경제로 전환하면서 국가가 기업과 상업 부문에 일방적으로 하달하던 계획 대신 시장의 수요와 공급의 원리에 따라 생산과 소비가 이뤄지도록 했다. 다시 말해 계획 부문의 변화는 경제체제의 근간과 관련된다. 이러한 측면에서 계획은 사회주의국가에서 생명과도 같은 부분이라고 말할 수 있다.

평등을 고려한 중앙집권과 평등이 무너진 계획 분권

한국과 같은 자본주의 경제에서는 개인이 기업을 설립할 수 있고 업태와 업종에 대한 국가적 제한이 없다. 따라서 공급이 수요를 넘어서면서 치열한 경쟁이 발생, 일부 기업은 폐업도 한다. 이를 두고 북한은 자본주의 국가의 부패성이라고 평가한다.

반면 계획경제는 중앙이 직접 주민 생활에 필요한 지표를 설정한 다음 1인당 소비 기준을 책정, 이에 근거해 연간 지표별 총생산량을 계획하고 생산 공급하기 때문에 아주 효율적인 경제운용 방식이라고 자평한다.

만약 북한도 한국처럼 수천, 수만의 상품들이 개발·생산된다면 중앙차원의 계획수립이 사실상 불가능하다. 북한은 식료품, 의류, 신발 외 206가지 일용잡화, 55가지 건재 용품을 정해놓았다. 이처럼 계획경제는 수요에 맞는 계획수립과 생산·소비인데 여기서 가장 중요한 것은 주민 수요를 반영한 품목별 계획 즉 지표별 계획수립이다.

예를 들어 A 신발 기업의 연간 계획은 지역주민 수요를 보장하기 위한 신발(치수별, 성별) 몇만 켤레 생산, 이런 식으로 세워진다. 이렇게 소비재 및 생산재 생산량 계획이 수립되면 여기에 필요한 설비자금과 운영자금인 유동자금을 국가재정에서 공급하는 것이 원래 북한 계획경제의 모습이다.

김정은 집권 이후 북한은 김정일 정권에서 도입했던 '7.1 조치'를 뛰어넘는 새로운 경제관리 방법인 '사회주의기업책임관리제' 도입을 통해 기업이 자체로 계획을 수립할 수 있는 권한을 확실히 부여했다. 2014년 11월 「기업소법」과 2015년 6월 「인민경제계획법」 개정을 통해 기업의 계획권 부여를 명시했다.

| 3대혁명전시관 경공업관에서 개최된 경공업제품전시회 ⓒ〈연합〉

이로부터 기업은 중앙이 일방적으로 내려주는 계획이 아니라 실현할 수 있는, 기업이 살아남을 수 있는 계획을 수립할 수 있게 되었다. 중앙에서 기업까지 수직으로 내려오던 지표별 생산 계획의 일원화는 중앙·지방정부, 기업이 계획을 수립할 수 있도록 분권화되었다.

계획 분권에 의한 또 다른 변화

계획 분권으로 공급자 중심에서 수요자 중심의 제품 생산과 농산품 생산이 가능해졌다. 중앙지표와 지방지표는 중앙과 지방에서 자금과 원자재를 국정 가격으로 공급해 주는 조건에서 생산할 수 있으나, 지방예산의 어려움으로 지방지표의 의미는 퇴색될 수밖에 없다. 중앙지표와 지방지표는 중앙과 지방정부가 정해준 제품만 생산할 수 있어서 수요자 중심의 상품 생산에 한계가 존재한다. 기업소 지표는 수요자의 구매력 수준, 생활수준, 유행 등을 고려하여 계획하고 생산되기 때문에 제조업은 물론 서비스업종까지 수요자의 요구와 눈높이에 맞춘 생산 및 서비스 활동이 가능하다. 수요자의 요구를 고려한 새로운 제품 개발도 눈에 띄게 늘어나 제품이 다종·다양화 될 수 있다.

계획 분권으로 국가가 주민들에게 소비 기준에 따라 공급해 주던 공급제가 사라진다. 왜냐하면 국가가 정해준 지표와 수량에 따른 생산 활동이 이뤄지기 어렵고 기업 스스로 수립한 계획은 국영 상업 유통기관이 아니라 시장 등 주문자에게 공급되어 유통되기 때문이다. 2021년 개정된 「사회주의상업법」을 보면, 상품유통 방식이 공급에서 공급과 판매로 수정된 것을 볼 수 있다. 공급은 1인당 소비 기준과 국정 가격에 의해 '골고루' 배분되는 것이며, 판매는 수요자의 구매력과 시장가격에 의해 판매되는 것이다.

계획 분권으로 동일 품목 생산 기업 간 경쟁이 발생할 수밖에 없다. 왜냐하면 '기업소지표'는 기업별로 실현 가능성이 높은 지표만 계획할 수 있어서 여러 기업이 동일 지표 계획을 수립할 수 있고 이는 기업 간 경쟁으로 이어질 수 있다. 이러한 경쟁은 제품의 질적 수준을 제고할 수 있는 동력으로 작용하기도 하지만, 경쟁에서 밀린 기업은 폐업을 감내해야 하는 상황에 놓일 수 있다. 또한, 특정 지표의 생산능력은 확대되고 어떤 지표의 생산능력은 감소하는 등 계획경제 본연의 면모를 상실하게 되는 결과를 초래하게 된다.

이처럼 사회주의 계획경제의 근간이 되는 계획 분권화와 같은 경제개혁은 사회주의 계획경제에서는 상상도 못 했던 새로운 변화로 이어지게 된다. 북한 당국은 이러한 변화를 차단하기 위해 현 상황을 고려한 '새로운 경제관리 개선'을 강조하고 있지만, 주어진 주 객관적 환경은 계획경제방식이 아닌 시장형 경제 방식으로의 변화를 추구할 수밖에 없다. 이러한 과정에서 언젠가는 지방지표도 사라지고 국가적으로 중요한 일부 경제 부문을 제외하고 모두 시장경제의 기업처럼 자율적으로 계획을 수립하고 고객이 구매력에 따라 소비하는 그런 시기가 도래할 것으로 전망한다.

3
대외 개방정책: 전국의 특구화

외국자본만이 살길

 대외 개방, 문호 개방은 대내 개혁과 마찬가지로 북한이 아주 조심스럽게 접근하는 부분이다. 문호를 개방하면 외국 문물이 들어오게 되고 순식간에 주민들 속에서 사상적 이완이 발생하고 이로부터 지도부에 대한 반감이 촉발할 수 있기 때문이다.
 북한은 지금까지 외부 세계와의 단절을 통해 주민들의 눈과 귀를 막음으로써 주민들로부터 충성심을 끌어낼 수 있었다. 북한이 대외 개방을 회피한 또 다른 이유는 외국자본에 의한 경제적 종속과 관련 기관의 간섭에 의한 자국의 자주권 침해에 대한 우려이다. 북한은 이러한 이유로 대외 무역에는 관심을 두면서 경제특구에는 별로 관심을 기울이지 않았다.
 김정은 집권 2년 차인 2013년 3월 열린 노동당 전원회의에서 도별 경제개발구 설립과 원산과 칠보산 관광지구개발이 결정하면서 경제개발구 설립 문제가 등장하였다. 그해 4월 개최된 최고인민회의에서는 합영·합작을 통한 경제개발구 설립에 대한 논의가 있었으며, 5월 경제특구 관련 법률인 「경제개발구법」이 제정되었다. 김정은이 집권하여 「경제개발구법」이 제정되기까지 겨우 1년에 불과하다.

특히 김정은이 2013년 10월 비공개로 열린 경제 부문 책임일꾼 회의에서 "경제발전을 위해 자본주의 침투를 두려워하지 말고 대담하게 대도시와 국경을 개방하라"고 언급한 후 바로 그해 11월 13개의 경제개발구와 신의주국제경제지대 설치가 공식 발표된다. 경제특구 정책이 아주 빠르게 추진됨을 알 수 있다.

외자를 통한 전국 국토개발

대외 개방정책의 가장 중요한 특징은 국토개발과 전국의 특구화이다. 「경제개발구법」은 경제개발구의 개발 총 계획과 세부 계획은 지역 국토건설 총 계획에 기초하여 해당 기관 또는 개발기업이 작성한다고 규정하고 있다. 이처럼 경제개발구는 국가의 경제발전 전략과 각도, 시(군)의 국토건설 총 계획에 기초하여 개발하도록 하고 있다.

반면 김정일 정권의 특구 정책은 특구 개발에 있어 국가의 경제발전계획을 언급한 적이 없다. 나선경제무역지대 개발은 '승인된 개발계획', 금강산관광지구 개발은 관광 개발 총 계획, 황금평·위화도 개발은 승인된 개발계획, 개성지구개발은 승인된 개발 총 계획에 준해서 하는 등 모두 해당 지역개발에만 초점이 맞추어져 있다.

김정일 정권에서는 수도 평양과 군사 요충 지역에 특구 설치를 제외하였으나, 김정은은 평양과 남포, 강령에도 경제개발구를 지정하였다. 남포에는 서해 해군사령부와 함선생산기지인 남포조선소가, 황해남도 강령군은 연평도와 마주한 최 전연지역으로 해군기지와 해안포 부대가 있으며 경제개발구와 불과 수km 떨어진 사곶에는 해군 8전대가 주둔하고 있다. 이처럼 김정은 정권의 경제특구 정책은 전국의 특구화이면서도 군사적 지형 변화도 고려한 특구 정책이라 할 수 있다.

경제특구 점에서 선으로

김정은 정권의 경제특구는 기존의 특정 지역을 뛰어넘어 북한 전역을 대상으로 하고 있어 점 개방에서 선 개방으로 확대되었다고 볼 수 있다. 2013년 13개의 경제개발구가 지정된 이후 2014년 7월에 6개의 경제개발구, 2015년 4월에는 무봉국제관광특구, 8월에는 경원경제개발구가 추가로 또 지정하였다. 세계적으로 코로나19가 확산되던 2021년 4월에도 함

| 김정은 집권 이후 지정된 북한의 경제특구 ⓒ저자 작성

경북도 무산군에 수출가공구를 설치하도록 했다. 이에 따라 북한에 운영 혹은 추진 중인 경제특구는 30개 정도에 이른다. 이는 과거 정권에서 운영했던 4개 경제특구의 7배 이상으로 파격적이다.

위의 그림에서 보는 것처럼 김정일 집권 당시까지만 해도 북한의 경제특구로는 북중 접경 지역의 나선경제무역지대와 황금평·위화도 경제지대, 남북 접경지역의 개성공업지구·금강산관광지구에 불과했다. 반면 김정은 집권 이후 27개의 경제개발구를 각 지역에 지정한 것은 대외개방을 통한 자본주의 사상의 유입보다 외자 유치를 통한 경제개발이 더 중요하기 때문이다.

관광자원 활용한 특구 개발

김정은 집권 이후 북한 당국의 관광에 대한 인식은 180도 바뀌었다. '체제선전 수단'에서 '외화획득 산업'으로 전환되었고 전국에 지역의 관광자원을 활용한 관광특구가 지정되었다. 2013년 제정된 경제개발구법을 통해 관광업을 개발구 사업 대상 중 하나로 최초로 명시, 지역별 관광산업 개발의 제도적 토대가 마련되었다.

> 경제개발구에서는 해당 지역의 자연 풍치와 환경, 특성에 맞는 관광자원을 개발하여 국제관광을 발전시키도록 한다. 투자가는 정해진 데에 따라 관광업을 할 수 있다.
>
> (『경제개발구법』 제49조)

이로부터 북한의 13개(도, 특별시, 직할시)의 행정구역 중에서 6개 도·시(함경남도, 황해남도, 남포시, 나선시, 평양시, 개성시)를 제외하고

원산-갈마해안관광지구의 모습 ⓒ〈google earth〉

여타 지역 모두에 관광개발구가 지정되었다. 양강도 삼지연군의 무봉관광개발구, 강원도 원산시의 원산-금강산국제관광지대 함경북도 명천군의 칠보산관광개발구, 평안북도 삭주군의 청수관광개발구, 황해북도 시평군의 신평관광개발구 등이 있다.

　북한은 자금 부족으로 관광자원이 풍부하면서 정치적으로 상징성이 높은 지역을 우선 관광 개발 지역으로 선정하고 국가 투자에 의한 개발을 추진하였다. 2013년 3월 노동당 중앙위원회에서 원산을 관광개발지구로 결정하였고 2016년에는 삼지연군을, 2018년에는 양덕온천관광지구를 개발하도록 했다.

　특히 원산-금강산국제관광지대 개발은 2015년 신년사에서 다시 언급되면서 2016년 7월에 원산-갈마해안관광지구 개발에 착수하였다. 이후 2021년 2월 제8차 당대회에서 금강산지구를 현대적인 문화관광지로 개발하도록 했다. 고성항 부두에 있는 해금강호텔 등 시설물들을 모두 들어내고 새로운 건축형식의 건물을 건설하도록 했으며, 2021~2025년 5개년 계획기간에 연차별, 단계별로 금강산관광지구 개발을 추진하도록 하였다.

북한은 2024년 7월 노동당 중앙위원회 제8기 19차 정치국 회의에서 원산-갈마해안광광지구 개발을 2025년 5월까지 완료하도록 결정하였으며, 외국인 국제관광을 통해 명사십리를 인파십리로 세계에 명성을 떨쳐야 한다고 강조했다. 이와 함께 삼지연을 복합형 산악관광지구, 사계절 산악관광지구, 국제관광지구로 개발하도록 했다. 이처럼 김정은 집권 이후 북한은 관광산업이 국가 발전을 위한 주요 동력이 될 수 있도록 상당한 관심을 돌리고 있다.

북한의 경제특구 정책이 실현되려면 대외적 조건이 갖추어져야 한다. 북한의 경제특구개발은 중국과 달리 분단구조하에서 진행되어야 하고 또 핵 문제를 둘러싼 국제제재 속에서 진행되어야 하는 난제가 있다.

특구 정책이 아주 세밀하게 구체적으로 제시되었다고 하더라도 분단구조에 의한 정치 군사적 긴장은 외국기업들의 투자를 제약할 수밖에 없다. 이는 2013년 4월과 2016년 중단된 개성공단 사례와 2010년 중단된 금강산관광 중단이 이를 방증하고 있다. 특히 북한의 핵무기 개발에 따른 유엔안보리 대북제재와 개별국가의 독자 제재로 대외 개방정책이 빛이 바랠 날은 예측하기 어려운 실정이다.

4. 산업정책: 가시적 성과 위주의 산업 선택과 집중

건설은 21세기 문명개화기를 열어가는 중요 사업

김정은 정권에서 가장 드라이브를 걸고 있는 산업은 건설 부문이다. 그 이유는 시작만 하면 성과가 눈에 보이고 건설 재료인 시멘트, 모래, 자갈, 철근은 국내에서 얼마든지 해결할 수 있으며 건설 인력 또한 원만히 해결할 수 있기 때문이다. 북한에는 전문적으로 국가건설만 수행하는 군인들이 있고 각 지역마다 민간인 건설돌격대가 있다. 만약 건설 인력이 부족하면 언제든지 민간에서 조달할 수도 있다. 기업소나 공장의 가동률이 40% 미만인 점을 고려하면 잉여 인력을 건설 현장에 동원할 수 있다.

| 평양에서 개최된 건설 부문 일꾼 대강습 ©〈연합〉

김정일의 사망으로 정권을 이양받은 김정은은 건설을 21세기 문명개화기를 열어나가는 중대한 시대적 과제로 선언하였다. 가장 중요한 건설 대상은 기간산업, 경공업, 농업 발전을 위한 생산 건물과 주민들의 보금자리인 주택이었다. 평양시를 세계적인 도시로 건설하면서 동시에 지방 도시도 특색있게 건설해 사회주의 선경으로 전변시키겠다는 전략이다.

2021년 1월 제8차 당대회에서 김정은은 지역별 산업시설과 함께 평양 5만 세대, 검덕지구 2만 5천 세대 주택건설 과제를 제시했다. 2024년 제시된 '지방발전 20×10 정책'도 지방경제 발전 정책이면서도 동시에 건설 정책이라고 할 수 있다.

> 나는 현대적인 지방공업공장 건설을 매해 20개 군씩 어김없는 정책적 과업으로 당에서 직접 틀어쥐고. … 10년 안에 전국의 모든 시, 군들 다시 말하여 전국 인민들의 초보적인 물질 문화생활 수준을 한 계단 비약시키자고 합니다. 농촌진흥을 위한 노선과 별도로 지방공업 발전을 강력하게 추진하여. … 지역 인민들의 초보적인 물질 문화생활 수준을 한 계단 비약시키려는 우리 당의 이 정책을 '지방 발전 20×10 정책'으로 명명하고 강력하게 추진하자고 합니다.
>
> (김정은 연설 내용 중)

북한에서 진행 중인 건설의 붐은 1945년 해방 후 그리고 1953년 전후 복구건설 이후 수십년 만에 일고 있는 건설 붐이다. 김정은 정권의 건설 전략과 정책은 북한이 처한 상황에서 주민결속과 충성심을 끌어낼 수 있는 가장 중요한 부분이라고 할 수 있다.

위락시설보다 산업시설과 주택건설 우선

김정은 집권 초기 북한은 모자이크 벽화 등 체제선전물과 위락시설 건설을, 집권 중·후반에 들어서는 주택과 산업시설 건설에 집중하였다. 예를 들어, 2012년과 2013년 71곳에 모자이크 벽화를 설치하였고 릉라인민유원지, 원산유희장, 미림승마구락부, 마식령스키장 등 위락시설이 대거 신설되었다. 2014년 이후에는 청천강계단식발전소, 세포축산기지, 고산과수농장, 원산갈마해안관광지구, 삼지연관광지구, 온천관광지구 등 국가 차원의 산업시설이 건설되었다.

경제 활성화를 위해 지역별 산업개발도 적극적으로 추진하고 있다. 집권 초에는 국내 자원과 외국자본을 활용한 지역 산업개발 추진을 시도하였으나, 핵·미사일 개발과 국제사회의 고강도 대북 제재로 외자 유치에 어려움이 발생하면서 국내 자원에 의한 지역별 산업개발에 중점을 두고 있다.

구체적으로 산업인프라와 경공업, 농업 등 지역별 산업시설 개발을 추진하였다. 특히 2024년 성천군, 구성시, 숙천군 등 20개의 군이 '지방발전 20×10정책'의 첫해 지방공장 신설지역으로 선정되어 2025년 1월까지 지역별 특성에 맞는 공장이 완공되었다. 이러한 북한의 지역개발 전략은 대북 제재 해제가 어려워진 상황에서 내부 자원을 활용한 정책 전환의 일환이라 볼 수 있다.

북한은 '지방발전 20×10정책' 추진을 위해 노동당 중앙위원회 조직지도부에 지방공업 건설 지도과, '지방발전 20×10 정책' 비상설 중앙추진위원회를 신설하였으며, 건설을 전담할 인민군 124연대를 조직하고 2024년에 이어 올해에도 건설성과를 올리고 있다.

김정은 집권 이후 평양에는 미래과학자거리, 여명거리 등이 건설되었고 2022년에는 송신·송화지구 1만 세대, 2023년 화성지구 1단계 1만 세

▎ 화성지구에 건설된 2만 세대 주택 ⓒ〈google earth〉

대, 2024년 화성지구 2단계 1만 세대 주택 공사가 완공되었다. 현재 화성지구 3단계 건설이 진행 중이며 2025년에 화성지구 4단계 건설이 추진될 전망이다. 이외에도 각 시·군에서 주택건설이 계속 진행되고 있으며 완공된 주택의 입사 모임에 대한 보도도 끊이지 않고 있다.

서비스 산업을 통한 자금의 선순환

김정은 집권 이후 건설 분야 다음으로 눈에 띄는 분야가 바로 서비스업이다. 북한의 서비스업에는 상업·유통, 운수업, 식당업, 관광 무선통신, 금융, 소프트웨어(연구개발업) 등이 있다. 이 중에서도 북한 당국이 가장 중요하게 생각하는 부문은 주민의 소비생활과 직결된 상업·유통 부문이다.

상업·유통은 생산과 소비를 연결하는 경제활동 분야이고 주민들의 삶

Ⅰ. 김정은 시대의 경제정책　39

을 엿볼 수 있는 부분이기 때문이다. 북한에서 상업은 원래 주민들의 수요를 충족시키기 위한 공급사업으로 정의된다. 이런 이유로 상업은 국영기업에서 생산한 제품을 주민들에게 공급하는 역할을 수행해 왔다. 그러나 90년대 이후 공급시스템이 붕괴되면서 다양한 상업 유통 채널이 형성되었고 국영상점을 통한 정부 공급에서 백화점 등 여러 상업유통망을 통한 자율판매로 전환되었다.

북한은 2021년 「사회주의상업법」을 개정하고 "사회주의 상업에는 상품공급 및 판매, 사회급양, 봉사, 수매 같은 것이 속한다"고 명시해 상업 유통기관의 자율 판매를 법제도 적으로 뒷받침하였다.

김정은 집권 이후 신설된 상업 유통 채널로는 온라인 쇼핑몰과 편의점이 눈에 띈다. 온라인 쇼핑몰인 옥류(2015), 만물상(2016), 은파산(2017), 앞날(2018)이 신설되었고 황금벌상점 등 편의점(2014)도 등장했다. 이밖에 평양에 보통문거리상점(2012), 미래상점(2012), 창광상점(2015), 대성백화점(2019), 매봉산상점(2019) 등 새로운 상업유통 기관이 신설되었다.

이익을 추구하는 영리 기관으로 상업 시설에 식당, 노래방, 놀이방, 세탁소 등 편의시설을 배치하는 등 고객 편익을 우선하는 다양한 전략도 구사하고 있다. 백화점이나 대형 상점에는 '고객 카드'를 비치하고 상품구매 시 포인트 적립 또는 할인 등을 제공하여 고객을 유인하기도 한다. 과거 북한은 국가공급이 사회의 평등과 주민결속을 위한 유인으로 작용해 왔다. 하지만 상업 유통 방식의 변화로 사회주의 북한에서 가장 중요한 가치인 '평등' 개념이 붕괴되고 있는 것이다.

5
인재정책: 전민 과학기술 인재화

경제 강국의 지름길은 첨단과학기술

김정은은 집권 이후 처음으로 발표한 2013년 신년사에서 산업혁명의 본질은 과학기술 혁명이고 '경제강국'의 지름길은 '첨단과학기술'이라고 강조하였다. 그리고 그해 8월 '선군절' 담화에서 '전민 과학기술 인재화'라는 표현을 사용했는데, 김정일 시대의 '전민 무장화'와 상반되는 대목이다. 2014년 13차 전국교육일군대회에서 '전민 과학기술 인재화' 실현 과제를 제시했고 2015년 교육법 개정을 통해 '온사회의 인테리화 원칙'을 '전민 과학기술 인재화의 실현 원칙'으로 수정했다.

북한이 과학기술 인재 양성을 강조한 것은 정권 수립 이후부터이나, 전민 과학기술 인재 정책을 제시한 것은 김정은 정권 들어서이다. 북한은 그동안 과학기술을 강조하면서도 과학자들에 대한 우대를 거의 하지 않았다. 오히려 당 간부, 행정 간부가 권력을 행사하며 부귀영화를 누렸다.

이런 이유로 경제난이 발생했던 90년대 중반 이후 북한에서 두뇌가 좋다고 소문난 수재들이 다니던 '이과대학' 졸업생들은 과학원 배치를 거부했다. 한국에 입국한 대졸 탈북민 중 이과대학 졸업생은 적지 않으나, 오히려 경제대학 졸업생은 별로 없다. 이는 북한에서 과학이 밥을 먹여주지 않는다는 것을 의미한다.

그럼에도 어릴 때 아이들의 꿈은 주로 과학자다. "나는, 나는 될터이다. 과학자가 될터이다. 옳다, 옳다 네가, 네가 과학자가 될터이다"는 노랫말이 있을 정도로 과학자를 동경하기도 했다. 북한 경제가 이처럼 어려운 상황에 빠지게 된데는 군수산업 우선 투자라는 자원배분의 문제가 크겠지만, 과학자, 기술자들이 최대의 역량을 발휘하도록 물질적 조건을 보장하지 못한 국가 책임도 크다. 북한 당국의 입장에서 경제 부문이 정치나 군사에 비해 중요도가 떨어졌다는 방증이다. 그러나 김정은은 파격적인 과학자·기술자 우대정책을 통해 경제문제를 돌파하고자 했다.

전민 과학기술 인재화는 모든 주민이 대학 졸업 수준의 과학기술 지식을 가지고 그 지식을 활용하여 본인의 위치에서 제기되는 문제들을 해결할 수 있는 지식형 근로자, 과학기술 발전의 담당자로 준비시키기 위한 사업이다. 북한은 당대회, 당중앙위 전원회의, 김정은의 신년 연설 등에서 새로운 목표를 결정할 때마다 전민 과학기술 인재화를 강조했다.

| 평양에서 개최된 정보기술 제품 전시회의 모습 ⓒ〈연합〉

2019년 9월 제14차 전국 교원대회에서 김정은은 "과학이 경제발전을 견인하는 기관차라면, 과학의 어머니는 교육"이라고 하면서 과학기술 교육의 질적 향상을 교육의 핵심과제로 제시하였다. 그리고 2019년 헌법 개정

때 '온 사회를 인테리화 한다'는 헌법의 내용을 지식인 중에서도 과학기술 인재를 특정하여 '전민 과학기술 인재화를 다그친다'로 수정하였다.

과학자, 기술자를 우대하자

김정은은 특별히 과학자, 기술자들을 위한 다양한 우대정책을 내놓았다. 평양에 과학자 주택단지인 '은하과학자거리'(2013)와 '김일성종합대학 교육자 살림집'을 건설하여 과학자들의 생활환경을 개설할 수 있도록 했다. 은하과학자거리가 신설된 평양시 룡성구역에는 국방과학기술을 연구하는 '제2자연과학원'이 있고 은하과학거리는 21개 동의 아파트에 과학자 1,000여 세대가 입주하여 있다. 탁아소, 유치원, 소학교, 초급중학교, 고급중하교 등 교육시설과 병원이 함께 있으며 16개의 아동공원도 있다.

미래과학자거리(2015), 위성과학자거리(2014), 함흥 과학자 살림집(2017) 등도 건설했다. 평양 중구역에 위치한 미래과학자거리는 53층 높이의 살림집을 포함해 약 2,600세대가 입주할 수 있는 아파트 19개동, 입체율동영화관(4D 영화관)과 고급중학교 등 11개 동의 공공건물, 상업편의용 건물 17개 동이 건설되었다. 미래과학자거리에는 창광상점, 전자기구 상점, 컴퓨터 상점, 류경장미원(목욕탕, 이발소, 미용실 등) 등을 포함 150여 개 상업 편의시설이 구축되어 있다.

위성과학자거리는 북한의 최고의 과학기관인 국가과학원 본원을 포함한 많은 연구기관들과 과학자 주택단지가 있는 평양시 은정구역에 위치해 있다. 아파트 24개 동과 탁아소, 유치원, 소학교, 초급중학교 등 보육 및 교육시설이 완비되어 있다. 여기에 종합진료소, 약국, 위성원(종합편의시설), 배구장, 테니스장, 롤러스케이트장 등 체육공원도 있다.

또한, 2013년 4월 평양에 과학자 전용 상점인 미래상점 개장, 평양 북쪽 60여 km에 위치한 연풍호에 '연풍 과학자 휴양소'를 건설하는 등 편의복지시설을 확충하여 과학자의 생활편의를 보장하기 위해 노력했다.

한편 과학자·기술자들에 대한 정치적 포상도 잊지 않았다. 2012년 12월에는 장거리 미사일 발사에 성공한 과학자·기술자들을 평양으로 초청해 '공화국 영웅' 칭호를 수여했다. 2004년부터 시상을 시작한 '2.16 과학상'에도 변화를 주어 2016년부터는 수상자 중 6명의 최고의 과학자, 기술자를 엄선해 별도로 시상하고 큰 상금을 제공하기도 하였다.

과학기술 인재 양성 노력

2014년 제13차 전국 교육 일군 대회 이후 북한은 고등교육제도 개편을 통해 종합대학을 증설하고 교육과정을 개편하였다. 김일성종합대학, 김책공업종합대학, 고려성균관대학 외 평양건설대학, 평양기계대학, 평양철도대학, 한덕수 평양경업업대학 등 중앙대학을 종합대학으로 승격했다. 지역별로 전공 분야가 다른 단과대학을 통합하여 평북종합대학, 황북종합대학처럼 종합대학을 신설하였다. 또한, 기존의 2년제 전문학교는 대학에 통합하거나 공장대학, 농장대학으로 전환하였다.

북한은 전민 과학기술 인재화를 위해 전업 학생뿐 아니라 노동자, 농민 등 모든 주민을 대상으로 한 현장형 과학기술 인재 양성에 주력했다. 전국적인 과학기술 보급망을 구축하기 위해 거점 역할을 할 '과학기술전당'을 건설하여 2016년 1월 개장했다. 대동강 하류 쑥섬에 위치한 과학기술전당은 2015년 10월 완공되어 2016년 1월 개관했다.

지하 1층, 지상 4층 건물이며 야외 과학기술 전시장, 500석 규모의 과학자 숙소(호텔)를 갖추고 있다. 과학기술전당은 각종 과학기술 전시물 관람과 체험은 물론 과학기술 보급망을 통한 다양한 디지털 자료를 제공한

| 평양시 쑥섬에 자리 잡은 과학기술전당의 모습 ⓒ〈google earth〉

다. 개관 당시 외국문 자료 약 1억 3,700만 건을 포함해 약 1억 3,900만 건의 과학기술 자료를 보유하고 있으며 7,000명이 동시에 접속할 수 있는 망 능력을 갖추고 있다.

북한 주민들은 3,000여 석 규모의 전당 내 전자 열람실을 이용하거나 각 지역(미래원) 또는 기업·공장·협동농장의 과학기술 보급실에서 국가망을 통해 과학기술전당의 자료에 접근할 수 있다.

이외 북한에는 지역별, 기업별로 과학기술 보급실을 갖추고 있다. 평양김정숙방직공장, 평양기초식품공장 등 전국의 공장·기업소들에 과학기술전당에 접속하여 지식을 얻을 수 있는 과학기술 보급실이 있다. 이처럼 북한은 전국적인 과학기술 인재 양성을 위한 시스템을 구축하고 원하는 누구나 교육받을 수 있도록 하고 있다.

또한, 전 국민에게 과학기술 지식을 습득시키기 위해 김책공업종합대학, 김일성종합대학, 함흥화학공업종합대학 등 우수한 대학과 연계한 원격강의 시스템도 도입하였다. 특히 김책공업종합대학은 이동통신망을 이용한 원격교육체계를 개발하여 스마트폰과 태블릿PC를 활용해 언제, 어디서나 공부할 수 있는 환경을 조성하였고 2015년 10월 첫 원격교육대학 졸업생을 배출하기도 했다.

김책공대 원격교육대학은 2017년에 확대되어 원격교육 시행 학과가 19개가 추가되었고 평양 락랑영예군인수지일용품공장과 남포강서약수공장 등 원격교육 수강 사업장도 증가하고 있다.

II

기업의 변화

황주희

김정은 집권 이후 북한 경제에서 가장 큰 변화를 꼽으라고 한다면 기업의 경영권 확대일 것이다. 이는 과거 북한이 기업의 경영권을 합법적으로 인정하지 않았기 때문이다. 북한에서 기업의 경영권 확보는 무엇을 의미할까?

기업은 북한의 대표적인 생산수단 중 하나로 북한에서는 기업소라고 표현한다. 북한은 기업을 "일정한 노동력, 설비, 자재, 자금을 가지고 생산활동, 서비스 활동을 직접 조직하고 진행하는 경제단위"로 정의한다. 주요 공장과 기업은 국가의 소유로, 중·소공장과 기업의 경우 사회협동단체의 소유로 분리된다. 즉, 북한의 기업은 모두 국영기업이라는 말이다.

사회주의 계획경제를 표방하는 북한에서 기업의 경영은 원칙적으로 계획의 몫이었다. 기업은 국가가 정해준 품목과 생산량에 맞게 생산하고 부여된 가격에 정해진 계획량을 판매하였다. 그러나 1990년대 북한의 경제위기로 사회주의 계획경제 시스템이 붕괴되기 시작하였고 기업은 경영에 필요한 자원과 재원을 북한 당국에서 공급받기 어려워졌다. 자연스럽게 기업은 기업을 운영하는 데 있어서 필요한 자원과 재원을 음성적으로

라도, 자체적으로 마련해야 하는 상황이 되었다. 이런 배경 속에서 기업의 시장참여는 확대되기 시작하였다.

합법적으로 기업을 운영하기 힘들어지는 상황에서 기업은 지표달성을 위해 불법적인 행위에 가담하게 되는 아이러니가 발생하기 시작하였다. 북한 당국의 단속과 처벌이 있었지만, 뇌물을 상납하면 되므로 어느 정도 여유자금이 있으면 큰 문제가 되지 않았다. 처음이 어려웠지, 불법적인 기업 경영활동이 점차 일상화되기 시작하였다. 결국 사회주의 계획경제와 현실 경제가 동떨어지게 되었다. 무엇이 합법이고 무엇이 불법인지 구분조차 무의미할 정도로 불법적인 관행이 뿌리를 내리고 있었다.

이러한 상황 속에서 북한은 2014년 5월 '사회주의기업책임관리제'를 발표하였다. 2019년 헌법 개정을 통해 기존의 '대안의 사업체계'를 삭제하고 '사회주의기업책임관리제'를 명시하였다. 이 '사회주의기업책임관리제'는 김정은 시대에 발표된 북한의 새로운 기업관리 방법으로 공장, 기업소, 협동단체들이 실질적인 경영권을 가지고 생산과 관리를 수행하는 내용을 골자로 한다. 상당부분 관행적으로 진행되어 오던 기업의 시장참여 활동이 제도적으로 합법화된 것이다. '사회주의기업책임관리제'는 불법과 합법이 혼재된 경제활동에 적용되던 이중적 기준을 정비하고, 새로운 경제질서를 수립하려는 성격을 지닌다. 즉, 기업이 시장 생활에서 무엇을 하면 되고, 무엇을 하면 안 되는지 정리해준 기준! 이라고 이해할 수 있겠다.

이 확대된 경영권은 북한「기업소법」(2015)에 명시되었다. 이로써 기업은 ①계획권, ②재정관리권, ③생산물의 가격제정권과 판매권, ④생산조직권, ⑤무역과 합영·합작권, ⑥제품개발권, ⑦품질관리권, ⑧관리기구와 노력(노동)조절권 ⑨인재관리권 등 9개의 경영권을 부여받았다.

우리에게 너무 당연한 이 9가지 경영권은 북한의 기업관리에 있어서 매우 파격적인 조치이다. 처음이었다. 공식적으로 기업이 주체가 되어서

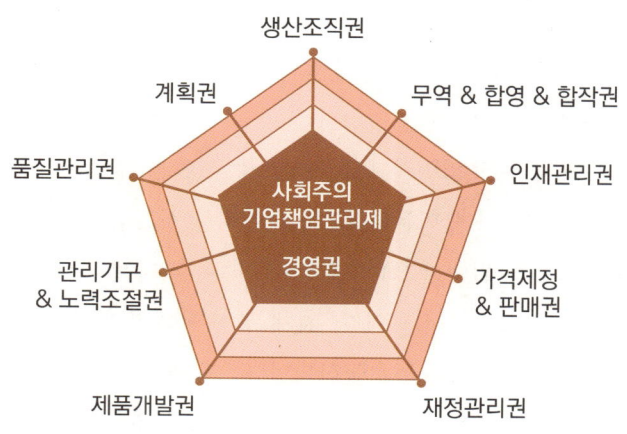

| 사회주의기업책임관리제와 9대 경영권

스스로 경영권을 일정 부분 활용할 수 있게 된 것은. 물론 남한에서 말하는 자율적인 기업 경영권 수준과는 거리가 있다. 북한에서 기업은 어디까지나 국가 혹은 협동단체의 소유이다. 북한 기업의 경영권이 법적으로 그 권리를 보장받는다고 하여도, 계획경제가 변경된 것은 아니기 때문에 일정 부분 한계가 노정되어 있다. 그럼에도 불구하고 경영권이 부여된 북한의 기업활동이 어떻게 변화되는지 탐구하는 것은 김정은 집권 이후 북한의 경제를 이해할 수 있는 단초가 될 것이다.

1
원자재 수급: 최대한 재활용을 합시다

북한의 기업은 원자재를 어디서 조달할까? 김정은 집권 이후 북한의 기업은 국가의 경제발전전략에 기초하여 자체의 경영전략과 기업전략을

세우게 되었다. 원자재의 경우, 기업은 필수 원료와 자재 중 일부를 중앙으로부터 공급받고, 나머지는 기업의 실정에 따라 자체적으로 조달하게 되었다(국가정보원, 2024).

자재 공급의 부족은 필연적으로 기업으로 하여금 불법적인 방법을 통해서라도 자재를 확보하게 만든다. 북한은 이러한 상황을 차단하고 당국의 공급부족을 해결하기 위해서 2002년 7.1조치 이후 자재의 합법적 유통이 가능한 물자교류 시장을 신설하였다. 자재 상사에 의한 자재 보급은 군수, 건설, 전력, 철강 등 주요 부문에 국한되었다. 그 외의 부문에서는 자재 조달을 위해 물자교류시장을 이용하거나 기업 간 직접 유통을 통해 해결하고 있다(김영희, 2009).

'재자원화'의 등장, 북한식 리사이클링(Recycling)

북한은 기업의 원자재 수급과 관련하여 증산절약운동을 전개하는 한편, 최근에는 '재자원화'의 활용을 거듭 강조하고 있다. 이 용어는 『노동신문』에 근근이 등장했지만, 2019년을 기점으로 폭발적으로 언급되기 시작했다. 2018년에는 9건에 불과했던 보도 건수가 2019년에는 83건으로 확대되었다. 이는 전년 대비 822.2%에 달하는 증가율을 나타낸다. 2019년에는 관련 보도 건수가 247건에 달했으며, 이는 북한이 '재자원화'에 얼마나 집중하고 있는지를 간접적으로 보여준다. 결국 '재자원화'는 2020년에 「재자원화법」 제정으로까지 이어졌다(황주희·최현규, 2021).

이 '재자원화'는 무엇일까? 「재자원화법」에서는 재자원화를 "생산과 건설, 경영활동 과정에서 나오는 폐기·페설물과 사람들의 생활 과정에서 나오는 오물들을 여러 가지 방법으로 가공처리하여 새로운 생산자원으로 이용하는 것"이라고 정의한다(국가정보원, 2024). 여기서 중요한 것은 폐기,

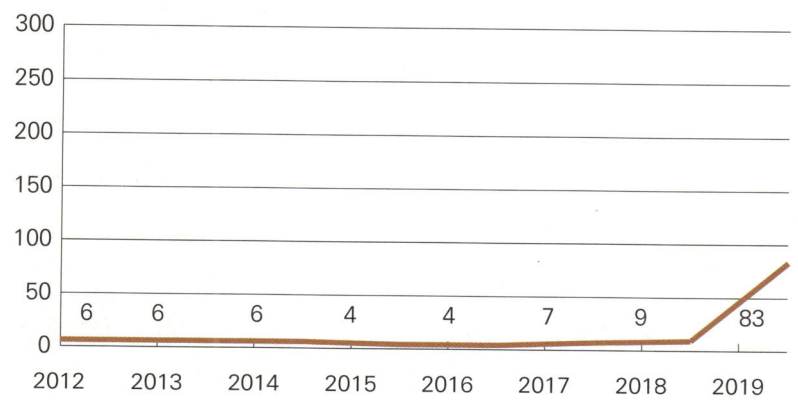

북한 '재자원화' 『로동신문』 보도 추이 (단위: 건, 2012~2020)

*출처: 황주희·최현규, 『북한의 재자원화 정책 추진 동향』(서울:한국과학기술정보원, 2021), p. 10.

폐설물을 생산자원으로 이용하라는 것이다. 원자재가 부족하니 일차적으로는 절약하고 이차적으로는 폐기물을 재활용해서 원자재로 활용하라는 뜻이다.

'재자원화'는 북한이 기업의 자력갱생을 도모하기 위해 도입한 전략 중 하나이다. 북한은 2020년, 내각 산하 경공업성에 '재자원화국'을 신설하고 이를 기업의 주요 경영전략으로 공식화하였다.

'재자원화'를 통한 기업 생산자원 활용

'재자원화' 열풍으로 북한은 어떻게 자원을 재생해서 기업의 생산자원으로 활용할 수 있는지에 관한 연구에 돌입했다. 북한의 건축재료연구소에서는 파수지병(플라스틱병)에서 유기화학 제품을 얻는 기술을 개발했고, 무기건재연구소는 화력발전소의 공업폐설물을 활용해서 시멘트를 생산하기 위해서 연구하고 있다. 나노재료연구소에서는 식료품을 가공하고 남은 부산물을 활용해서 비누를 제작하는 방법을 고안해 냈다. 심지어 볏겨(벼에서 쌀을 내고 남는 껍질)를 통해서 전력을 생산하는 기술까지, 『노동신문』에 소개된 '재자원화' 연구 사례는 다양하다. (황주희·최현규, 2021).

북한은 주민들에게 파비닐, 파고무, 파지 등 유휴 자재(안 쓰고 묵혀 있는 자재)를 수매상점에 납부하도록 하고 있다. '집중 수매의 날'이 따로 있으며 동별로 주민 세대의 '파철수집정형'을 기록하고 있다. 북한이 이렇게 적극적으로 유휴 자재를 수집하는 것은 생활 과정에서 나오는 폐설물을 회수하여 생산과 건설에 재이용하기 위함이다. 즉, 재활용 수거를 통해서 산업 현장에서 재생산을 추구하는 것이다. 북한은 「재자원화법」 외에도 여러 법률에서 '재자원화'를 독립된 조항으로 규정하고 있으며, 각 산업 부문별로 그 적용 방식과 실천 방안을 명시하고 있다.

각 부문 법에서 명시한 '재자원화' 방법

법	조항	내용
「금속공업법」 (2021)	제21조	금속생산기업소는 재자원화기지를 꾸리고 생산과정에 나오는 슬라크와 폐열, 먼지, 석탄버럭, 탄재와 같은 폐기폐설물을 가공처리하여 효과적으로 리용하여야 한다.
「기계공업법」 (2021)	제27조	기계제품생산기업소는 생산경영과정에 나오는 폐기폐설물과 생활오물들을 여러가지 방법으로 가공처리하여 새로운 생산자원으로 적극 리용하여야 한다. 정해진데 따라 수매소를 내오고 기관, 기업소, 단체와 공민들로부터 유휴자재를 수매받아 생산에 리용할수 있다.
「화학공업법」 (2021)	제29조	화학제품생산기업소는 재자원화기술을 적극 받아들여 생산과정에 나오는 재생가능한 폐가스, 폐수, 폐설물과 생활오물을 새로운 생산자원으로 리용하여야 한다. 정해진데 따라 수매소를 내오고 기관, 기업소, 단체와 공민들로부터 유휴자재를 수매받아 생산에 리용할수 있다.

신문보도를 통해서 보는 '재자원화' 도입 사례

실질적으로 북한 기업의 재자원화 도입 사례를 살펴보자. 남흥청년화학연합기업소는 "주체 비료 생산 과정에서 나온 수십만t의 공업폐설물과 폐가스를 연료로 98% 정도의 연소 효율을 보장하며 시간당 백수십t의 증기와 1만kW 이상의 전기를 생산"한다고 한다. 흥남비료연합기업소는 폐가스를 재이용하여 수소를 회수하는 공정을 2020년 1월에 설치하고 2월부터 생산에 활용하여 암모니아를 매일 6t 이상 증산하게 되었다고 한다. 평양화력발전연합기업소는 발전소 폐설물에서 '백색연재'(white fly ash)를 추출하여 양질의 단열 벽돌을 생산하고 있다고 한다. 이 기업소의 2020년 주요전략은 재자원화라고!

2020년 3월 29일 자『노동신문』에서는 2.8비날론연합기업소 가성소다(수산화 나트륨) 직장사례를 소개하고, 이 직장에서 재자원화가 중요한 문제로 제기된 배경으로 (특정) '자재에 대한 공급 중단'이라고 언급하고 있다. 이는 일부 생산 현장에서 중앙계획에 의한 자재공급이 제대로 진행되지 않고 있는 현상을 말해준다. 기업의 원자재 부족 문제를 과연 '재자원화'를 통해 어느 정도까지 해결할 수 있을까?『노동신문』에 소개된 사례들 역시 그 효과에 대한 일정한 한계를 시사하고 있다.

그럼에도 불구하고 재자원화는 환경보호 차원에서 국제적인 이슈이다. 북한은 재자원화와 관련하여 다양한 교육사업, 연구사업, 도입사업을 추진하고 있다. 향후 재자원화를 통한 북한과의 다양한 교류협력 사업을 그려볼 수 있지 않을까?

2
경영자금 확보: 수수료와 민간자본

북한은 계획으로 경제를 관리하던 시스템이었기 때문에, 과거에는 북한 당국이 각 기업에 생산의 계획량이나, 생산액을 할당해 주었다. 기업의 경영자금 역시 마찬가지다. 기업이 아무것도 안 해도 북한 당국이 계획부터 자금까지 모든 것을 제공해 주던 시대는 이제 과거의 유물이 되었다. 김정은 시대의 기업은 자체적으로 경영자금을 마련해야 한다. 물론 기업이 100% 경영자금을 모두 마련해야 하는 것은 아니고, 일정 부분 지원물자와 지원자금이 존재한다. 과거에는 이러한 지원물자와 지원자금이 기본이었다면 현재는 부차적인 것으로 되어버린 것이 큰 차이이다. 북한은 「기업소법」(2020) 제38조에 재정관리권을 제시하고 기업은 경영활동에 필요한 자금을 주도적으로 마련해야 한다고 명시하고 있다.

기업의 경영자금 확보 관행

북한 당국이 기업의 경영자금을 100% 지원해 주다가 김정은 집권 이후부터 다짜고짜 '이제부터는 기업이 알아서 하시오!'라고 한 것은 아니다. 이미 이전부터, 1990년대 북한의 경제 사정이 악화되기 시작하면서 북한 당국은 기업에 경영자금을 지원하지 못하기 시작했다. 그렇다면 당국의 지원금 없이 북한의 기업은 어떻게 경영자금을 확보했을까?

기업은 일반적으로 기업자산을 활용하거나 타인자본을 활용해서 기업의 경영자금을 조달하였다. 기업자산을 통한 대표적인 자금조달 관행은 임대업이다. 건물이나 차량과 같은 기업의 등록자산을 외부에 임대하여 자금을 조달했다. 기업 건물의 일부를 돈주와 같은 자산가에 대여해주고 그 수수료를 받는 형식이다. 보통 돈주들은 건물을 임대해서 사업을 하는데, 이때 전기를 사용할 경우에는 기업이 송배전소와 전력수급 부서에 뇌물을 주고 돈주들이 건물을 임대해서 전기를 사용할 수 있도록 해결해 주었다. 경우에 따라서 기업의 노동자를 고용할 수 있도록 조치해 준다. 이때 계약서는 따로 작성하지 않고 한 달에 한 번씩 정해진 금액을 외화로 수금하는 형식으로 운영한다고 한다.

기업에 등록된 차량을 대여하는 방법도 있다. 이 방식이야말로 기업의 지배인(사장)이 가장 선호하는 방법이었다. 돈주와 지배인이 직접적으로 거래하기 때문에 중간에 따로 뇌물을 줘야 하는 대상이 없기 때문이다. 지배인 입장에서는 가장 간편하게 현금을 구할 수 있는 방안이다.

> 북한에서 개인은 자동차를 소유하지 못해요. 그래서 기업소에 번호판을 등록하고 나를 종업원으로 받아 달라고 해요. 그러면 기업소에서 자동차를 구매한 것처럼 상급기간에 신청을 해서 자동차를 등록을 하고 차번호를 받아요. 지배인은 돈주를 기업소 종업원으로 등록하고 돈주에게 차 번호판을 주는 대가로 매달 현금을 받는 거죠. 돈주는 이 차로 시장에 나가서 짐 실어주고 물동량 나가서 돈을 버는 거예요. 이 사업은 개인이 하는 거라서 기업소 공식적 재정체계에 잡히지도 않아요. 장부에 남지도 않는 거죠. 그래서 지배인은 이 돈을 여유자금으로 기업소 사회적 과제를 해결하거나 뇌물을 고이는 데로 써요. 보통 돈주한테 외화로 받곤 했어요.
> (2018년 탈북, 남성 60대)

기업이 타인의 자산을 활용해서 경영자금을 조달하는 사례를 살펴보자. 보통 기업은 필요한 급전을 돈주를 통해 마련하곤 했다. 이 과정에서 일부는 계약서(확인증, 각서 형태)를 작성해서 교환하기도 한다. 돈주가 이자를 받고 기업에 돈을 빌려주기도 하고 이자를 받지도 않고 투자만 하는 경우도 있는데, 북한에서는 대부와 투자의 경계가 모호한 특징이 있다.

또 다른 방법은 '8.3입금'(8.3 노동자) 통해 경영자금을 마련하는 것이다. '8.3입금'이라는 것은 1990년대 이후 생겨난 기업의 관행이다. 근로자들이 매월 얼마간의 금액을 기업에 지불하면 출근하지 않아도 되는 것을 말한다. 이 같은 관행은 기업소에 경영자금을 창출하는 또 다른 통로가 되었다. 보통 돈주는 일반 근로자보다 더 많은 돈을 '8.3입금'으로 지불하기 때문에, 지배인은 기업에 소속된 돈주가 많을수록 편하게 경영자금을 확보할 수 있다.

기업의 관행이 「기업소법」으로 합법화!

'사회주의기업책임관리제'의 특징 중 하나는 관행의 선택적 제도화다. 기업의 경영 관행을 파악하고 일부는 제도로 도입하고 일부는 도입하지 않았다는 말이다. 우리가 위에서 살펴보았던 경영자금을 확보하던 관행도 「기업소법」의 재정관리권으로 포용되었다.

> 「기업소법」(2020) 제38조 재정관리권
> 기업소는 재정관리권을 가지고 재정관리사업을 전망성있게 설계하고 '경영활동에 필요한 자금을 주동적으로 마련하며 효과적으로 리용'하여야 한다. 이 경우 번 자금과 생산물은 정해진 경제계산체계에 정확히 반영하여야 한다. 기업소는 생산자대중의 요구와 현실적조건을 반영하여 재정관리세칙을 잘 만들고 그 집행에서 엄격한 규률을 세워야 한다.
> 기업소는 생산계획수행정형과 재정관리정형을 결부하여 일생산 및 개정총화를 정상적으로 실속있게 진행하고 그 결과를 제때에 공시하여야 한다.
> 기업소는 정해진데 따라 부족되는 경영활동자금을 은행으로부터 대부받거나 '주민유휴화폐자금'을 동원리용할수 있다.

여기서 질문이다. 재정관리권에 명시된 "기업소의 주민유휴화폐자금 동원리용"은 사금융을 허용한다는 것일까?

사회주의 계획경제를 표방하는 북한은 개인의 재산을 인정하지 않는다. 북한의 「헌법」 제24조에서 밝히듯, 북한 주민이 소유할 수 있는 것은 개인적이며 소비적인 목적을 위한 소유이다. 따라서 대부를 할 정도의 개인 자산을 가질 수 있는 것은 북한에서는 원칙적으로 불가능하다. 북한은 개인적으로 돈을 빌려주고 이자를 받는 것을 고리대금으로 취급한다. 북한의 「행정처벌법」(2022) 제312조는 "고리대 행위를 한자에게는 3개월 이하의 로동교양 처벌을 준다. 정상이 무거운 경우에는 3개월 이상의 로동교양 처벌을 준다"고 명시하면서 고리대행위를 위법행위로 분류하고 있다.

2015년의 「기업소법」에서는 "기업은 모자란 경영자금을 은행에서 대부 받거나, '주민유휴화폐자금'을 동원리용할 수 있다"고 말한다. 은행의 돈은 대부를 받고, 개인의 돈은 동원리용한다? 무슨 뜻일까? 차이가 있을까?

주민유휴화폐자금은 북한 주민들이 여유로 가지고 있는 현금을 의미한다. 북한은 2009년 5차 화폐개혁을 실시하였는데, 당시 이 개혁은 100:1의 교환한도로 1가구당 10만 원만 인정되었다. 이 개혁은 북한의 시장경제 통제 강화와 인플레이션을 최소화하려는 조치였다. 그러나 북한 주민들은 은행에 저금해 두었던 본인이 재산과 개인적으로 보유하고 있는 현금이 휴지 쪼가리가 되는 경험을 하게 된 것이다. 당시, 이 개혁은 이례적으로 북한이 실패한 정책이었다고 인정하였다. 그러나 그 부작용으로 인해 북한 주민들의 은행에 대한 불신이 커지면서 저축을 하지 않는 현상이 만연하게 되었다.

결국 '주민유휴화폐자금'이란 주민들이 보유하고 있으나 실질적으로 사용되지 않아 내수 경제, 특히 은행 시스템에 흡수되지 않는 현금 자금을 의미한다. 기업은 이 자금을 활용할 수 있지만, 북한에서는 개인의 대부활동을 공식적으로 인정하지 않는다. 따라서 개인의 돈은 대부가 아닌 '동원리용'할 수 있다고 표현하는 것이다. 즉, 북한의 기업은 개인의 돈을 이용할 수 있지만, 그 대가로 이자를 주는 것은 불법으로 분류되었다.

최근 이러한 정책 기조에 또다시 변화가 생겼다. 2024년 1월에 개정된 「민법」에서 기업이 주민자금 이용 시 이자를 지급할 것을 명시한 것이다. 즉, 기업 투자 명목에 한해서는 이자를 허용한 것! 북한의 변화는 시시각각 나타나고 있다.

'사회주의기업책임관리제'가 발표된 이후, 여전히 불법으로 남아있는 관행은 기업자산을 대여하는 방식이다. 북한은 「형법」(2023.12) 제132조 '국가생산수단 및 수송수단비법리용죄'에서 기업의 수송수단을 비법(불법)으로 이용하여 돈이나 물건을 받은 자는 노동단련형(일정 장소에 합숙하면서 거리 청소, 건설 노동 등을 하는 것, 6개월 이하)에 처한다고 명시하고 있다. 같은 법 제133조는 '국가재산을 개인에게 꾸어주었거나 꾼 죄'를 명시하고 그 범위에 따라 노동단련형, 5년 이하의 노동교화형(징역), 5년 이상 10년 이하의 노동교화형에 처한다고 명시하고 있다.

제품 판매를 통한 기업의 경영자금 마련

'사회주의기업책임관리제' 하에서 일반적인 기업의 경영자금 확보 방안은 제품 판매를 통한 수입이다. 「기업소법」에 따르면, 이때 기업은 '기업소 지표'를 작성하게 된다. '기업소 지표'는 기업이 수요자 기관, 기업, 단체와 주문계약을 체결하고 자체로 판매 활동을 계획하고 실행하는 지표이다. 기업소 지표는 다시 말해서, 기업의 자체 주문계약과 판매활동에 대한 계획으로 요약할 수 있다. 기업은 '기업소 지표'로 생산한 생산물을 수요자 기관, 기업소, 단체와 계약을 맺고 직접 거래하며 소비품, 생활필수품, 소

평양시관광기념품 전시회에서 기업의 판매활동 ⓒ〈연합〉

농기구와 같은 상품들은 도매기관, 소매기관, 직매점과 직접 계약하고 판매할 수 있다. 북한의 최근 동향을 보면 다양한 전시회를 통해서 기업의 판매활동을 진행하고 있는 것으로 보인다.

2024년에 개최된 '평양시 관광기념품 전시회'에서는 평양의 190여 개의 단위가 2만여 점의 상품을 출품했다고 한다. 이 전시회에는 기념품 외에도 평양시유람비행관광, 낙랑박물관, 미림승마구락부 등 평양의 여행 상품도 함께 소개한 것으로 알려졌다. 북한에서 개최되는 각종 전시회는 북한 기업에 판매활동을 통한 경영자금을 확보할 수 있는 주요 루트가 되고 있다.

이 외에도 기업은 무역과 합영, 합작을 통해서 경영자금을 확보할 수 있다. 합영과 합작은 다른 나라의 법인이나 개인과 함께 사업하는 것이다. 일반적으로 생산 부문에서 합영, 합작이 이루어진다. 합영의 경우, 기계공업, 전자공업, 정보산업, 과학기술, 경공업, 농업, 임업, 수산업, 건설 건재공업, 교통운수, 금융 같은 여러 부문에서 장려되며 합작의 경우, 첨단 기술이나 현대적인 설비를 도입하는 대상, 국제시장에서 경쟁력이 높은 제품을 생산하는 부문을 장려한다. 북한은 코로나19 팬데믹으로 인해 자체적으로 국경을 봉쇄했었다. 이에 따라서 기업의 합영과 합작 활동 역시 중단되었던 것으로 보인다. 최근 코로나19 팬데믹이 진정됨에 따라, 북한은 경제봉쇄를 해제하고 무역 활동을 재개하였다. 향후 러시아와 중국을 중심으로 북한의 합영, 합작 활동이 확대될 것으로 보인다.

3

가격과 판매 관리: 기업이 주체가 되어

기업에서 생산하는 제품의 가격을 기업이 자체적으로 결정하고 판매하는 것 역시 기업의 몫이다. 우리에게 너무 익숙하고 당연한 기업의 활동이지만, 북한에서는 2015년에 와서야 법에 명시된, 김정은 시대 기업의 최신 트랜드다. 사회주의 계획경제라는 것은 중앙에서 계획을 세우고 이 계획을 기업에 지령의 형태로 하달되는 형태이기 때문에 기업은 독자적인 경영의 영역이 없었다. 기업은 단지 중앙의 계획대로 이행하면 되는 것이었다.

최근의 북한 기업 트랜드를 확인해 보자. 북한의 「기업소법」(2020) 제39조는 생산물의 가격제정 및 판매 조항을 명시하고 있다. "기업소는 정해진 범위안에서 생산물의 가격제정권과 판매권을 가지고 생산물류통을 자체로 실현하여 원가를 보상하고 생산을 끊임없이 늘여나가야 한다. … '정해진 가격제정원칙과 방법에 따라 구매자의 수요와 합의조건을 고려하여 자체로 정하고 판매'할수 있다. 기업소는 정해진데 따라 기업소지표로 생산한 생산물을 수요자기관, 기업소, 단체와 '계약을 맺고 직접 거래'하며 소비품, 생활필수품, 소농기구와 같은 상품들은 도매기관, 소매기관, 직매점과 직접 계약하고 판매할수 있다." 김정은 시대, 기업 전성기의 서막이 열렸다.

자의 반 타의 반, 기업경영의 일탈 시작

기업에 가격제정권과 판매권이 부여되기 이전에 북한의 기업은 어떻게 경영했을까? 중앙에서 경영자금을 제공했을까? 1990년대 이전까지는 그럭저럭 중앙에서 경영자금이 제공되었던 것 같다. 그러나 1990년대 후반, '고난의 행군'이라고 불리는 북한의 심각한 경제난이 시작되면서 기업의 가시밭길이 시작되었다. 중앙에서 경영자금을 주지도 않으면서 제품을 생산하고 그 성과를 납부하라는 것이다. 기업은 억울했지만, 그 명령은 절대적이었다. 북한의 기업은 자의 반 타의 반 어둠의 경로에서 운영자금을 마련하기 시작했다. 북한의 계획경제에서 허락되지 않은, 계획 외 생산을 통해서 기업의 운영자금을 마련하기 시작한 것이다. 이러한 방법은 공식적인 기업활동이 아니었기 때문에 정해진 가격과 판매방식이 없었다. 계획 외 생산을 통해 생산한 제품의 가격을 제정하고 어디에 판매할 것인지 결정하는 것은 전적으로 기업의 몫이었다.

> 청진시에 가구공장이 있어요. 지배인은 계획 외 생산으로 '관'을 제작하여 판매했어요. 관은 입소문으로 홍보하고 주문받아서 팔았어요. 북한은 시신을 화장하는 것은 고인을 두 번 죽인다는 관념이 있어서 관에 대한 수요가 굉장히 높아요. 당시 계약서는 따로 작성하지 않고 대신 판매금액을 선금으로 받았어요. 관은 제품의 재질에 따라서 가격이 다 달라요. 판매가는 지배인이 결정했어요.
>
> (2011년 탈북, 남성 50대)

기업에서 추가로 생산한 제품을 판매할 때는 시장가격을 참고해서 지배인이 결정하는 것이 관행이었다. 가격을 지배인이 정했기 때문에 때로는 소비자와의 가격흥정을 통해서 제품가격이 결정되기도 했다.

기업의 판매 관행의 형태는 크게 두 종류가 있다. 직접 판매와 간접 판매다. 직접적으로 판매하는 형식은 추가로 생산된 제품을 '8.3 인민소비품'으로 가장하여 합법적으로 처분하는 방법이다. 또는 기업에서 암암리에 주문계약을 직접 받아서 판매하는 방식이 있다. 간접 판매는 기업 간 거래를 통해서 이루어지거나 돈주를 통해서 판매를 위탁하는 방식이 있다.

'8.3 인민소비품'은 무엇일까? 김정일 시기에 새롭게 나온 정책이다. 기업이 기업 내 부산물을 활용하여 경공업 제품을 만들고 판매하는 것이 '8.3 인민소비품' 정책이다. '8.3 인민소비품 직매점' 설치를 통해 기업은 생산한 소비재를 직접 판매할 수 있게 되었다. 기업은 이 정책을 활용하여 당국의 법과 통제를 벗어나 이루어지던 계획 외 생산을 제도권 안으로 다시 편입시켰다.

기업 간 간접적 거래의 형태도 존재한다. 과거에는 기업의 유통경로가 모두 계획으로 정해져 있었다. 기업의 생산제품은 정해진 계약 단위에만 유통하는 것이 원칙이었다. 관행적으로 계획 외 판매를 할 때는 기업은 이런 제약에서 자유로웠다. 외화상점을 통해 판매하는 행위가 대표적인 기업의 일탈 경영이었다고 한다. 이 경우 개인에게 판매하는 것보다 처벌이 경미하며 외화로 거래하기 때문에 국정가격으로 판매하는 것보다 수익이 높았다고 한다.

돈주에게 위탁판매를 하는 경우, 현금이 즉시 거래되기 때문에 기업들이 선호하는 판매 방식이었다고 한다.

이러한 관행들이 '사회주의기업책임관리제'에서는 가격제정권과 판매권으로 제도화되었다. 기업의 경영권이 부여된 만큼, 북한 역시 '재산실사'

라는 제도를 새롭게 도입하였다. 북한 당국이 기업의 재산에 대해서 실제로 조사하거나 검사하는 것이다.

기업경영을 투명하게!

북한은 제품의 가격과 판매활동을 모두 포괄하여 기업관리에 있어서 과학화를 강조하고 있다. 2021년 8차 당대회에서 북한의 '새로운 국가경제발전 5개년 계획'이 결정되었다. 이 대회에서 북한은 과학기술이 새로운 경제발전계획의 성공여부를 결정짓는다고 언급하고, 특히 기업경영에 있어서 정보화를 강조하였다. 북한이 기업 관리를 어떻게 과학화하자는 건지, 기업경영의 정보화를 어떻게 하자는 건지, 북한의 법문에서 확인된다.

경영정보화 관련 북한의 주요 법률

「사회주의상업법」 (2021)	제70조	… '상업경영활동을 정보화, 과학화할수 있는 물질기술적 수단을 보장'하여야 한다
	제76조	중앙상업지도기관과 해당 기관, 기업소, '단체는 전자상업체계를 구축, 리용하며 모든 상품을 상품등록정보체계에 의무적으로 등록하고 류통'시켜야 한다.
「시·군발전법」 (2021)	제62조	시, 군인민위원회는 '국가의 상업망배치원칙에 기초'하여 … 상업경영활동을 정보화, 과학화하여 인민들의 생활상 편의를 원만히 보장하여야 한다.
「령수증법」 (2021)	제17조	중앙재정지도기관은 '령수증관리사업의 정보화를 실현'하기 위한 년차별계획을 바로세우고 집행하여야 한다.
「상품식별 부호관리법」 (2021)	제1조	… '상품판매를 정보화'하고 위조상품의 류통을 막음으로써 사회주의상업을 발전시키고 사회경제적안정을 보장하는데 이바지한다.

*출처: 북한 법을 참고하여 필자 정리

최근 북한은 모든 경제활동을 법에 따라 담보할 것을 강조하고 있다. 특히 경영활동을 보장하는 데 필요한 법과 규정, 세칙 작성과 그 집행에 대한 감독과 통제를 중요하게 여긴다. 따라서 북한의 기업경영과 관련된 법을 확인하는 것은 북한의 경제활동을 이해하는데 유용하다.

북한의 법을 참고하면 영수증 관리사업, 상품판매, 상업 경영활동에서 정보화를 강조한다. 이러한 경영 정보화를 시도하는 것에 대해 북한은 경제활동의 편의성, 각종 업무 간소화, 투명성 제고를 목적으로 한다고 밝히고 있다(『노동신문』, 2023.6.4). 여기서 우리 투명성에 주목해 보자. 북한의 기업이 이제 합법적으로, 자체적으로 생산하고 가격도 정하고 판매도 한다. 그러면 북한의 중앙 당국은 어떻게 기업을 관리할까? 북한이 기업의 재산실사를 할 때 어떻게 해야 객관적이고 편리할까? 북한의 기업통제, 기업관리의 답은 바로 경영정보화에 있다.

북한도 기업 경영에서 엑셀을 쓴다구!

북한, 기업경영 정보화를 정말로 추진하고 있을까? 2019년에 탈북한

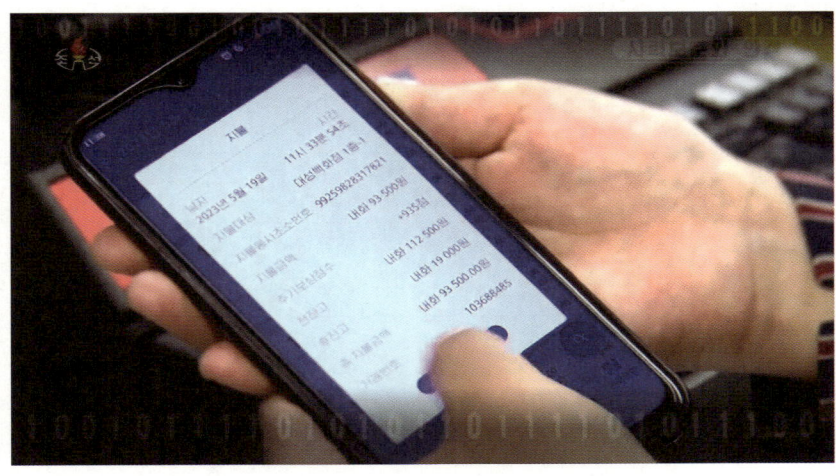

| 대성백화점에서 전자결제 내역 확인하는 북한 주민 ⓒ〈연합〉

평양 출신 진우 씨(가명)는 북한의 기업 역시 회계업무에서 엑셀을 사용한다고 증언하였다. 실질적으로 2002년에 북한의 인민대학습당 고등교육도서출판사는 『빨리 쉽게 배울 수 있는 오피스 2000』 교재를 발간하였다. 이 교재는 마이크로소프트의 워드(Word), 파워포인트(PowerPoint), 엑셀(Excel) 등의 오피스 프로그램 교육자료이다.

2019년 기준, 북한의 인민대학습당(종합도서관)에서는 MS 오피스 교육을 진행하고 있는 것으로 확인되었다(NK경제, 2019.10.13). 물론 북한의 기업경영에서 엑셀 사용 여부를 일반화하기에는 더 많은 북한이탈주민의 구술 채집이 필요하겠지만, 북한의 주요 기관들에서는 전산화가 도입된 것으로 파악된다.

북한의 『노동신문』은 기업이 활용하고 있는 경영업무 소프트웨어를 소개하기도 하는데, 평양 제1백화점에서는 '《제일》2.0'이라는 통합경영정보체계를 사용하고 있다고 보도하였다. 이 경영정보체계는 하루 생산, 재정, 자재관리, 근로자 관리, 노동실태 관리, 설비관리, 비품관리, 생산관리, 연료관리, 재정·회계지원 등 종합적인 경영정보 프로그램인 것으로 알려졌다.

평양시 평천구역의 식료품 종합상점에서는 경영 업무 전산화 시스템이 도입되었으며, 이에 따라 입점한 40여 개 식료품 판매점의 상품 구입, 보관, 공급, 판매 등의 업무가 전산화되었다. 또한, 결제 수단으로 카드 단말기를 사용하는 것으로 보도된 바 있다. 최근에는 QR코드 결제까지 등장했다.

북한의 통신 환경과 기술 및 경영 인프라의 제약을 고려할 때, 경영 업무의 전산화나 카드 결제, 바코드 결제 등은 아직 북한 사회 전반에 보편화된 현상은 아니다. 그러나 확실한 것은 북한의 청사진에 경영정보화가 있다는 것, 그리고 그 목표를 향해 점진적으로 나아가고 있다는 것이다.

4
기술개발: 산·학·연 똘똘뭉쳐

앞에서 '사회주의기업책임관리제' 실시를 통해 기업이 공장의 명칭, 계획지표와는 무관하게 자체적으로 제품을 생산할 수 있게 되었다는 것을 확인했다. 그러면 그 생산팀을 조직하는 권한 역시 기업에 있을까? 아니면 과거처럼 중앙의 컨트롤에 따라 진행될까? 기업의 역할임이 너무 당연한 우리에게는 정말 생소한 질문일지도 모른다. 믿기 어렵겠지만, 과거에 북한의 기업은 생산팀이 몇 명인지, 이를 관리하는 조직 여부, 기업에 할당된 기술직의 종류와 인원까지 모두 계획에 의해 운영되었다. 계획경제라는 것, J(MBTI)에게도 쉽지 않다.

이 권한 역시 기업에 부여되었다. 기업이 자체 생산을 위해 생산팀을 조직하고 신제품을 직접 개발하고 그 품질을 관리하는 것 역시 기업의 몫이 된 것이다. 「기업소법」(2020) 제33조 '관리기구와 로력(노동)조절' 조항에서 밝히고 있듯, 북한 기업은 노력(노동력) 자원을 합리적이고 효과적으로 이용하고 기업의 실정에 맞게 부서를 능동적으로 통합하고 정리할 수 있다. 제34조는 기업의 제품개발권을 명시하고 새 기술, 새 제품개발전략을 기업이 스스로 수립할 수 있으며 과학기술과 생산이 일체화된 기업이 되어야 한다고 강조한다. 같은 법 제35조는 품질관리권을 설명하는데, 기업이 국가규격, 품질인증제도에 맞게 품질관리를 엄격하게 할 것을 분명하게 밝히고 있다.

권한이 많아지면 책임도 많아진다. 북한 당국은 기업의 자체적인 역량을 강조한다. 바로 '자력갱생'! 북한의 기업은 북한산 원료와 북한의 자체 기술을 통해서 신제품을 개발하고 품질을 관리하는 미션을 받았다.

기업 기술개발과 경쟁을 통한 판매전략

기업의 관행이 제도화된 것이 '사회주의기업책임관리제'라면, 통상적으로 기업이 스스로 제품을 개발하고 품질을 관리했다는 건가? 그렇다. 원칙적으로 북한의 기업은 중앙에서 계획된 제품만 생산할 수 있다. 그러나 기업이나 공장 명칭, 계획지표와 무관하게 자체적으로 생산할 수 있는 제품을 선별하여 생산하고 이를 통해 자금을 확보하는 것이 북한 기업에게는 어둠의 경로였다. 아이러니하게도 이러한 계획 외 생산은 제품경쟁을 유발한다. 자연스럽게 기업들은 제품을 더 판매하기 위해서 제품의 질을 신경 쓰게 되었다.

계획 외 생산이 합법화된 현재, 북한 당국 역시 제품개발 활성화 방안으로 경쟁을 활용하고 있다. 북한은 경쟁이 과학과 기술의 시대, 지식경제시대의 경제장성의 '합법칙적 요구'라고 강조하고 있다. 분초를 다투며 새 기술, 새 제품경쟁이 벌어지고 있는 현시대에서 북한의 경제관리도 이에 맞게 개선되어야 한다는 것이다(리은철, 2020).

2019년 12월에 개최된 당중앙위원회 제7기 제5차 전원회의에서는 사회주의 경쟁열풍을 활성화하여 증산절약, 질제고 등 경제사업 문제를 풀어나갈 것을 강조했다. 북한은 사회주의 경쟁을 계획적, 조직적으로 추진하는 대중운동으로 강조하고 부문별, 단위별, 지역별, 단계별로 모든 면에서 추진하고 있다. 특히 김정은 시대에서는 사회주의경쟁에서 집단주의를 강조하면서 근로자 사이에서 '따라앞서기, 따라배우기, 경험교환운동'을 추진하고 있다.

이 외에도 기업에 경쟁목표, 평가기준 등을 정하고 재자원화 사업, 친환경 에너지 개발 및 도입 수준, 물 소비 기준 등 기업에서 추진하고 있는 일련의 사업에서 경쟁을 도입하고 있다. 경쟁총화에서는 정치적 평가를 진

| 2022년 부문별 주요 산학협력 사업 참여 기관 현황

행하고 그 결과에 따라 인센티브를 부가하여 경쟁의 활성화를 추진하고 있다. 경쟁이 실질적인 사업성과로 이어질 수 있도록 경제적, 행정적, 법률적 대책을 마련하고 있는 것이다(강춘식, 2020).

김정은 집권 이후 북한은 경제성장과 인민생활 개선의 해답을 과학기술에서 찾으면서 첨단기술 제품 생산을 강조한다. 이 같은 정책에 따라서, 대학과 기업 또는 과학연구기관과 기업이 협력하여 제품을 개발하는 사례가 늘어나고 있다.

구체적으로, 대학생이 기업관리에 파견되어 기업에서 발생하는 문제를 파악하고 대학연구집단을 동원하여 기업체들의 생산·경영활동을 지원하는 등 ①대학·기업체 협의 심화, ②조직사업 추진, ③현장에 연구역량 파견 등의 방식이 도입되고 있다.

대표적인 사례가 평양화장품공장이다. 이 공장은 과학연구와 생산의 일체화를 실현한 모범으로 북한 미디어에 자주 보도되고 있다. 이 공장은 30여 명의 학위소유자를 보유하고 공장 자체에 화장품연구소와 화장품분석연구소를 운영하고 있다. 이 화장품연구소는 100여 명의 연구사로 구성되어 있으며 연구사들은 현장에서 1년 이상 사업한 경력을 갖춘 경력직들로 구성된다고 한다. 각 직장의 공정기사들은 화장품연구소의 연구사 직제를 겸임할 수 있다. 이 화장품 공장에서는 제품생산 진행 후 해당 기술지도서와 표준조작법을 작성하여 제품의 균등한 품질을 관리하고자 노력하고 있다.

  대학에 자체적으로 '첨단제품개발기지'를 설치하고 생산활동을 추진하는 것도 북한이 추진하고 있는 산학연 협력의 한 방법이다. 북한은 대학에 교육과 과학연구, 생산의 일체화 실현을 적극적으로 추진하는 연구개발 및 생산거점의 역할을 요구하고 있다.

  보도에 따르면, 북한의 서울대학교인 김일성종합대학에서는 첨단기술개발원을 설치하여 금속공업의 주체화, 현대화실현 관련 연구사업, 인민경제의 수자화(디지털화), 정보화를 실현하고 경제관리를 개선하는 프로그램 개발, 수산업과 농업생산에 기여하는 새 제품개발 등의 사업과 정보

| 북한 김책공업종합대학 미래과학기술원 준공 ⓒ〈연합〉

Ⅱ. 기업의 변화 71

통신기술, 인공지능기술을 비롯한 첨단기술을 개발하고 도입하기 위한 사업을 진행하고 있다.

북한의 카이스트, 김책공업종합대학은 미래과학기술원을 설치하고 이 기술원에서 개발한 지능형 수질종합 분석기, 일산화탄소수감전송기, 공정용페하계 등을 인민 경제 여러 단위에 도입하는 사업을 진행하고 있는 것으로 알려졌다. 이 외에도 평양기계대학 첨단기술 제품 교류소에서 지능형 병렬 로봇을 비롯한 수십 종의 첨단기술제품을 개발 생산하고 있으며, 이를 신의주화장품공장 등의 단위에 도입하는 사업을 추진하고 있다. 한편, 함흥화학공업대학, 함흥 수리동력대학에서도 첨단제품생산기지를 설치하고 추진하는 것으로 알려진다.

5
마케팅: 브랜드 PR시대

김정은 집권 이후 기업관리에서 가장 큰 변화라고 한다면 '마케팅' 활동이다. 원래 전통 사회주의 경제학에서는 '마케팅' 개념이 존재할 수 없다. 사회주의에서 마케팅이라는 것은 자본가의 부를 축적하는 도구로, 사람들로 하여금 필요 없는 물건을 사게 하고 과소비를 조장하는 기술로 취급되기 때문에 경시되었다. 그러나 오늘날의 북한 역시 기업의 판매실적이 중요한 시대이다. 기업지표를 통해 기업을 경영해야 하기 때문이다. 지금 북한에서는 생산되는 제품에 '브랜드'를 만들어 같은 제품군끼리 경쟁하거나, '산업디자인'을 강조하면서 제품 디자인 마케팅에 열을 올리는 등 기존 사회주의에서 배척되던 현상이 관찰되고 있다.

평양화장품공장 '은하수' vs 신의주화장품 '봄향기'

2005년 북한의 『노동신문』에서 최초로 '경영전략'이라는 용어가 등장하기 시작하였다. 2010년에는 '중앙산업미술지도국'을 조직하고 '국가산업미술중심(센터)'를 건설하여 상표, 공업 도안, 원산지명 등 산업미술을 통일적으로 관리하고 있다. 2012년, 김정은이 국가산업미술전시회장을 방문하여 상표는 "볼 맛이 있어야 사람들의 눈길을 끌고 제품에 대한 호기심을 가지게 한다"고 언급하였고 2014년 북한에서 '사회주의기업책임관리제'가 도입되면서 기업은 당국에서 지정한 상품 외에도 기업이 자체적으로 상품을 개발할 수 있는 경영권을 부여받게 되었다. 이를 계기로 북한 사회에서도 기업의 상표와 브랜드에 대한 인식이 강화되고, 기업 간 판매 경쟁 구도가 점차 형성되기 시작하였다.

| 북한의 대표적인 화장품, '은하수' ⓒ〈연합〉

북한에서 가장 대표적인 브랜드 마케팅은 화장품 산업에서 살펴볼 수 있다. 평양화장품공장의 브랜드 '은하수'와 신의주장품공장의 브랜드 '봄향기'이다. 2001년 김정일은 신의주화장품공장을 방문하여 '봄향기'라는 상표를 직접 네이밍했다. 『노동신문』은 '봄향기'가 결혼기념품, 생일 선물, 어머니날 선물로 인기를 끌고 있다고 보도하였다. 이는 북한 내 소비문화가 점차 관계 중심의 선물문화로 확산되고 있음을 보여준다.

   '은하수' 상표 역시 김정일이 직접 네이밍한 것으로 알려져 있으며, 2017년 평양화장품공장이 리모델링될 당시에는 김정은이 '은하수'의 브랜드 마크와 상표를 직접 디자인한 것으로 전해진다. 이 '은하수' 브랜드는 2014년 5월 세계지적재산권기구에 상표로 등록되었다. 2019년에는 '은하수' 화장품 25종에 대한 품질인증을 유라시아경제동맹에서 받았다. 김정은 시대 북한은 북한을 넘어 세계 최고급 화장품 생산과 판매를 강조하고 있으며 공장에 평양미술대학과 평양출판인쇄대학의 산업미술학부 졸업생을 배치하고 상표 디자인에 세심한 주의를 기울이고 있다.

북한은 간접광고가 대세

   북한은 2004년 『사회주의상업법』(1992년 제정)을 개정하면서 "상품광고는 해당 기관의 승인을 받아 정해진 형식으로 하여야 한다"는 조항을 신설하였다. 이는 사회주의 국가인 북한에서 상품광고가 법적으로 가능해진 전환점이라 할 수 있다. 그러나 북한의 조선중앙TV에서는 CF(Commercial Film) 형식의 영상매체를 통한 광고는 찾아볼 수 없다. 대신 '소개편집물'이라는 코너에서 북한의 브랜드를 설명하거나 안내한다.

   '소개편집물'은 15초의 광고라기보다 제품의 스토리텔링으로 구성된다. 일종의 간접광고인 셈이다. '과학영화'라는 코너에서는 '젊음을 주는 로화(노화)방지화장품 모범, 본보기'라는 주제로 영화를 방송하기도 했다. 북한의 조선중앙TV 시청자들은 영화와 스토리텔링을 통해 자연스럽게 제품의 홍보에 노출된다. 북한식 PPL이라고 볼 수 있겠다.

북한의 조성중앙 TV에서 반영하는 '소개편집물' 코너 예시

2024년 05월 11일 (토)	〈소개편집물〉 영원한 봄향기 - 신의주화장품공장
2024년 05월 13일 (월)	〈소개편집물〉 우리가 만든 제품입니다.
2024년 05월 27일 (월)	〈소개편집물〉《봄맞이》상표에 깃든 사연

오프라인에서는 전시회를 통해서 다양한 화장품의 판촉 행사를 진행하고 있다. 북한에서는 평양제1백화점상품전시회, 전국8월3일인민소비품전시회, 전국과학기술축전장, 전국인민소비품전시회, 여성옷전시회-2022, 봄철전국상품전시회-2023, 경공업발전-2023, 중앙산업미술전시회 등 다양한 전시회에서 화장품을 홍보하고 판매하고 있다.

Ⅲ

1
소비재시장의 변화

선슬기

김정은 시대에 접어들면서, 북한의 소비재시장은 조용하지만 놀라운 변화를 맞이하고 있다. 불과 몇십 년 전만 해도 배급제가 전부였던 곳, 정부가 주는 배급품이 생존의 전부였던 그 땅에서 이제는 사람들이 직접 시장에 나가 물건을 사고파는 모습이 자연스러운 일상이 되었다. 그게 대체 어떻게 가능했을까?

변화의 시작은 2002년 '7.1 경제관리개선조치(7.1 조치)'로 거슬러 올라간다. 이 조치 이후 2003년 북한 전역에는 '종합시장'이라는 이름으로 새로운 형태의 시장이 등장하기 시작했다. 마치 새싹이 돋아나듯, 장마당에서 출발한 비공식 경제가 이제는 종합시장이란 이름으로 북한 전역에 뿌리를 내리게 된 것이다. 김정은 정권 이후 운영되는 종합시장은 400여 개가 넘는다. 장마당의 음침하고 은밀했던 모습은 변화되어, 이제는 도시 한복판에서 번듯하게 자리 잡았다. 놀랍게도 이곳에서는 값싼 중국산 물건부터 고가의 한국산 제품까지, 없는 게 없을 정도로 다양한 상품이 넘쳐난다. 비싼 건 비싼 대로, 싼 건 싼 대로. 소비자들은 자신들의 지갑 사정에 맞게 물건을 고를 수 있게 되었다.

무엇보다 흥미로운 점은, 이런 변화가 처음부터 국가의 계획에 의한 것이 아니었다는 사실이다. 배급 시스템의 붕괴, 그것이 모든 변화의 시작이었다. 1990년대 '고난의 행군' 시기, 더 이상 국가가 주민들의 생필품을 공급할 수 없게 되자 주민들은 생존을 위해 스스로 살아남아야 했다.

그래서 장마당이 생겼다. 처음에는 비공식적이고 불법으로 여겨졌던 그 장마당이 이제는 종합시장이라는 이름으로 공식화되었고, 더 나아가 국가재정에도 기여하는 경제의 중요한 축으로 변모했다. 종합시장에서 발생하는 수수료는 국가의 재정 수입원이 되어 공공 서비스에도 재투자되는 것으로 보인다. 이쯤 되면 시장은 그저 물건을 사고파는 곳이 아니라, 북한 경제를 지탱하는 큰 뿌리 같은 역할을 한다고 해도 과언이 아니다.

시장 구조의 변화도 인상적이다. 예전에는 외딴 변두리에 숨어 있던 시장들이 이제는 도시 중심부로 들어오며, 주민들이 더 쉽게 시장에 접근할 수 있게 되었다. 시장 내부의 동선도 깔끔하게 정리되어 쇼핑이 더욱 편리해졌다. 소비자들이 자주 찾는 곳이 된 시장은 이제 북한 주민들의 일상에 깊숙이 스며들었다.

더 놀라운 점은, 북한이 자체 생산에 힘을 쏟기 시작했다는 사실이다. 과학기술의 이전 덕분에 'made in DPRK' 제품의 품질이 크게 개선되었고, 이제는 가격의 측면에서 저가 중국산 제품과도 경쟁할 수 있게 되었다. 다양한 상품이 존재하니 소비자들의 선택 폭도 넓어졌고, 시장은 더 활기를 띠었다.

결국, 김정은 시대의 소비재시장 변화는 단순히 경제구조의 변화로 끝나지 않았다. 이 변화는 주민들의 생활과 일상에 스며들어 북한 사회 전반에 새로운 흐름을 만들고 있다. 과거에는 상상조차 할 수 없었던 변화들이 이제는 현실이 되어 북한의 거리와 시장 곳곳에서 모습을 드러내고 있다.

북한에 관심이 없더라도, 이 변화는 묘한 호기심을 자극한다. 시장에서 시작된 이 변화가 앞으로 북한과 그곳 주민들의 삶에 어떤 변화를 가져올까? 혹시 이 작은 바람이 북한의 변화를 이끄는 진짜 출발점이 될지도 모른다. 아무리 닫힌 땅이라 해도, 변화는 문틈으로라도 스며드는 법이니깐 말이다.

시장은 단지 상품을 사고파는 장소 그 이상이다. 그곳은 변화의 무대이며, 가능성을 품은 씨앗이다. 오늘날 변화를 겪는 북한 사회의 일면을 바라보며, 우리가 예상치 못한 새로운 관점을 발견할 수 있지 않을까?

MZ 세대인 본 저자는 새로운 감각으로 변화하는 북한을 탐구해보고자 한다. 분명, 새로운 이야기가 기다리고 있을 것이다. 그럼 이제, 북한의 소비재시장이 만들어내는 변화를 함께 살펴보고자 한다. 이와 같은 시장의 움직임이 북한의 오늘을 뒤흔들고, 내일의 지형을 새롭게 그려낼 거대한 변화의 신호탄이 될지도 모르기 때문이다.

1
시장 확산: 전역에 퍼져 있는 종합시장

들꽃처럼 피어난 소비재시장

북한의 소비재시장은 마치 어둠 속에서도 꿋꿋이 피어난 들꽃과 같다. 국가의 통제 아래 모든 경제활동이 숨죽이던 시절에도, 생존을 향한 주민들의 움직임은 멈추지 않았다. 1958년 국유화 이후 개인의 상업 행위는 철저히 금지되었고, 모든 물자와 재화는 국가를 통해서만 배급되었다. 하지만 사람들은 살기 위해 새로운 길을 찾아냈다. 그 길은 바로 암시장이었다.

처음의 암시장은 단출하고 조용했다. 개인 간의 소규모 거래로 시작된 이 시장은 필수품 하나를 구하기 위해 서로의 필요를 맞춰주는, 말 그대로 생존의 작은 틈새였다. 그러나 1980년대에 들어서면서 변화의 싹이 돋기 시작했다. 계획경제의 비효율성과 물자의 부족이 겹치자, 암시장은 점차 그 범위와 규모를 넓혀갔다. 사람들은 더 많은 물건을 나누고, 서로의 삶을 지탱하는 중요한 연결고리가 되었다.

진짜 변화는 1990년대 북한의 경제난이 너무나 심각해서 주민들이 생존에 위협을 느꼈던 '고난의 행군' 시기에 찾아왔다. 자연재해와 국제적 고립으로 경제난은 점점 더 심각해졌고, 국가의 배급 체계는 무너져버렸다(선슬기, 2023). 암시장은 이제 더 이상 그림자 속에 숨은 존재가 아니었다. 주민들은 살기 위해 그곳을 찾았고, 암시장은 생명을 이어가는 마지막 버팀목이 되었다. 쌀 한 줌, 옷 한 벌, 약 한 알. 필요에 따라 물건이 오가는 암시장에서 살아갈 방법을 찾아야 했다.

이 불법적이고 비공식적인 시장의 흐름은 결국 막을 수 없는 물결이 되었다. 2002년 7월 1일, 북한 당국은 '7.1 조치'를 단행하며 새로운 전환점을 맞이한다. 다음 해인 2003년, 암시장은 드디어 종합시장이라는 이름으로 합법화되었다. 정부는 기존의 암시장을 체제 안으로 끌어들였고, 농민 시장을 종합시장으로 전환하며 거래 가능한 품목의 범위를 대폭 확대했다. 더 이상 은밀하게 오가던 물건들이 이제는 햇빛 아래 공개적으로 거래되기 시작한 것이다.

종합시장의 등장은 단순한 변화 이상의 의미를 지닌다. 그것은 국가 배급제가 가지는 한계를 극복하고, 주민들에게 선택의 자유를 제공하는 공간이었다. 다양한 물건들이 가득 쌓인 시장은 이제 생존의 장을 넘어 삶을 풍요롭게 하는 공간이 되었다. 종합시장은 단순히 물건을 사고파는 곳이 아니었다. 그것은 사람들의 생활 중심이 되었고 삶의 새로운 동력이 되었다. 그리고 비록 사회주의 체제의 틀 안이지만 새로운 가능성을 열 수 있는 공간이 되었다.

더 나아가, 종합시장은 단순히 주민들만의 장터로 머물지 않았다. 그 흐름을 따라 북한의 기업소들도 하나, 둘 시장으로 나섰다. 장마당 시절의 은밀하고 조심스러웠던 거래는 이제 공시적인 경제활동의 이름을 달고 새로운 길을 걷기 시작했다. 기업소들은 시장 활동을 통해 가능성을 발견했고, 종합시장은 멈춰있던 물줄기에 다시 물이 흐르게 하듯 죽어가던 북한 경제에 새로운 숨결로 작용했다.

종합시장

: 북한의 종합시장은 정부의 허가를 받아 운영되는 공식 시장으로, 다양한 상품과 서비스를 판매하는 상업적 공간.

사회주의 체제 안에서 시장은 질서를 해치기보다는 그 틀을 부드럽게 보완하며 새로운 활로를 열어주었다. 그것은 혁신을 강요하는 거대한 흐름이 아니라, 사람들의 삶 속에서 자연스럽게 피어난 변화였다. 작은 물건 하나에도 선택의 자유가 깃들고, 그 자유는 다시 작은 희망이 되어 사람들의 일상 속에 뿌리를 내렸다. 시장의 구석진 자리에 피어난 작은 꿈 하나가 마치 메마른 땅에서 피어난 꽃처럼 조용하지만 강렬하게 세상에 존재를 드러내기 시작했다.

소비재시장의 중심에 선 종합시장은 이제 변화의 상징이 되었다. 그것은 생존만을 겨우 이어가던 장마당에서 시작해, 이제는 주민들의 일상을 바꾸고 더 나아가 북한 사회의 미래에 작은 균열과 새로운 가능성을 제시하고 있다. 아무리 엄격하고 닫힌 체제라 해도, 사람들의 삶을 향한 흐름은 결코 멈출 수 없다. 그 흐름은 조금씩 모이고 쌓여 결국 큰 물결이 되어 새로운 변화를 만들어낸다.

마치 어둠 속에서도 피어난 들꽃처럼, 북한의 소비재시장은 서서히, 그러나 단단하게 뿌리를 내렸다. 그것은 단순한 생존의 도구를 넘어 희망의 씨앗이 되었고, 변화의 중심으로 성장해 갔다. 메마른 땅을 뚫고 피어난 꽃이 세상을 환하게 물들이듯, 종합시장은 지금 북한 사회에 작지만 확실한 변화를 가져오고 있다. 그리고 언젠가 그 작은 물결은 커다란 파도가 되어 체제의 경계를 부드럽게 흔들 날이 올지도 모른다.

종합시장과 비공식 시장의 번성 이야기

김정은 정권 이후 북한의 소비재시장은 놀라운 변화를 겪으며 확산되었다. 2014년과 2015년 사이에는 새로운 시장들이 전국에 20개나 생겨났고, 기존의 71개 시장은 더 넓고 단단하게 개보수를 거치며 한층 더 번성해 나갔다(파이낸셜 뉴스, 2018.9.25.).

미국전략국제문제연구소(CSIS)의 2018년 보고서에 따르면, 북한에는 공식적으로 인가받은 종합시장만 최소 436개가 존재한다고 한다. 또 다른 연구인 2022년 통일연구원의 조사에서는 공식 시장 수를 414개로 추정했는데, 도별 평균 시장 수는 약 32개(홍민 외, 2022)였다.

하지만 소비재시장의 이야기는 종합시장만으로는 다 설명되지 않는다. 공식적으로 허용된 시장이 커가는 사이, 똑똑이장과 메뚜기장 같은

북한 도별 공식시장 수

도	전체 합계
평양직할시	31
평안남도	68
평안북도	50
황해남도	34
황해북도	33
함경남도	48
함경북도	46
강원도	30
자강도	27
양강도	18
남포특별시	21
나선특별시	3
개성특별시	5
계	414

*출처: 홍민 외, 『2022 북한 공식시장 현황』(서울: 통일연구원), 2022, p. 29.

비공식 소비재시장도 주민들의 일상 속에 깊이 뿌리내렸다. 메뚜기장은 마치 바람에 날리는 씨앗처럼 자리를 옮겨 다니며, 똑똑이장은 집집마다 문을 두드리며 필요한 물건을 건넸다. 이런 작은 소비재시장들은 종합시장의 빈틈을 채우며 주민들의 생계를 이어주는 숨구멍이 되어주었다.

평안남도에서 함경북도, 평양에서 자강도까지, 시장은 북녘땅의 구석구석에 스며들었다. 도심의 번화한 거리부터 시골의 작은 마을까지, 그곳에서 사람들은 물건을 사고팔며 생활을 이어가고 있다. 마치 숲이 다양한 생명체의 보금자리가 되듯, 시장은 주민들이 삶을 일구어가는 또 하나의 터전이 되어준 것이다.

그러나 소비재시장의 지속적인 성장에는 어려움도 많았다. 외부의 경제제재와 내부의 경제적 어려움 속에서 소비재시장은 여전히 불안정한 상황이다. 그러나 이런 어려움 속에서도 소비재시장은 계속 확대되었다. 주민들의 필요와 생존을 위해 움직이는 이 시장들은 마치 어둠 속에서도 꿋꿋이 피어나는 꽃처럼 그 자리를 지켜냈다. 경제라는 무대 위에서 종합시장과 비공식 시장은 서로 얽히고설켜 생명력을 이어갔고, 그렇게 북한 사회의 중요한 축이 되어가고 있다.

북한의 소비재시장을 들여다보면, 그것은 단순한 거래의 공간이 아니다. 생존의 몸부림으로 피어난 시장들은 사람들의 일상을 이어가고, 그 작은 변화가 모여 북한 사회에 생기를 불어넣고 있다.

이제 문득 상상해본다. 북한의 소비재시장에는 어떤 물건들이 쌓여 있고, 그 물건 하나하나에 담긴 이야기는 또 무엇일까? 사람들은 어떤 기대를 안고 시장을 찾고, 무엇을 팔고 무엇을 살까? 한 줌의 쌀, 작은 옷가지, 손에 든 그 물건들은 누군가의 생존이자 희망이고, 그 발걸음에는 오늘을 넘기기 위한 북한 주민들의 소박한 소망이 가득하지 않을까 싶다.

시장의 구석구석에서 들리는 흥정과 웃음소리, 땀과 한숨이 뒤섞인 그 작은 움직임들은 마치 흐르는 강물처럼 멈추지 않는다. 그것은 생존의 몸짓이지만, 그 흐름이 모이고 모여 결국 세상을 뒤흔드는 커다란 물결이 될지도 모른다. 종합시장이란 이름으로 번듯하게 자리를 잡은 공식 시장, 그리고 여전히 그 틈새를 메우는 비공식 시장이 함께 만들어가는 이 흐름은 북한 사회에 그 뿌리를 단단하게 내리고 있다.

북한의 소비재시장은 지금도 조용히, 그러나 계속해서 자라나고 있다. 단순히 물건을 사고파는 그곳이 이제는 주민들의 삶과 꿈을 이어주는 공간이 되었고, 변화의 가능성을 품은 새로운 동력으로 자리 잡았다. 시장에 담긴 주민들의 소망과 그 이야기는 언젠가 북한 사회를 뒤바꿀 힘이 될지도 모른다. 마치 봄이 오면 만물이 깨어나듯, 이 작고 끈질긴 움직임이 북한의 내일을 물들이고, 새로운 시대를 열어갈지도 모르기 때문이다.

2

시장 내부 변화: 소비자 밀착형으로

외곽에서 도시 중심으로 장소 변화

김정은 시대에 들어서며, 북한의 시장은 이전과는 완전히 다른 모습으로 변화했다. 한때 변두리의 구석진 공간에 숨어 있던 시장은 이제 도시 중심부로 자리 잡으며 주민들의 일상과 가까워졌다. 과거 농민 시장은 외딴 공터나 조용한 골목에 머물렀다. 그곳은 필요한 물건을 사고팔던 은밀한 장소였다.

하지만 시대가 바뀌면서, 작은 거래가 이어지던 장마당은 점차 종합시장이라는 이름으로 탈바꿈하며 당당히 도심 속으로 걸어 들어왔다. 정돈된 통로, 깔끔한 매대, 분주히 오가는 사람들로 시장은 활기가 넘치는 장소로 변모하고 있다.

북한의 시장 변화는 단순히 물리적 위치의 이동에 그치지 않는다. 시장은 더 이상 단순한 거래의 장이 아니다. 경제적 자립과 성장이 시작되는 기회의 공간이며 사람들의 일상에 녹아든 필수적인 기반이 되었다. 대표적인 종합시장인 '락랑시장'(구 평양 통일거리시장)과 같은 현대화된 시설은 이를 잘 보여준다. 깔끔하게 재정비된 이곳은 물건을 사고파는 장소를 넘어, 사람들의 꿈과 희망이 교차하는 장으로 변모했다. 주민들은 더 이상 먼 길을 걸어가지 않아도 가까운 시장에서 필요한 물건을 손쉽게 구할 수 있게 되었다.

시장 구조의 현대화는 소비자 편의를 고려한 변화의 결과였다. 장터의 동선은 깔끔하게 정리되어 방문객들이 물건을 쉽게 찾을 수 있게 했고, 부드럽고 단순화된 공간은 쇼핑의 불편함을 덜어냈다.

| '락랑시장'(구 평양 통일거리시장)의 모습 ⓒ〈연합〉

김정은 정권 출범 이후 추진된 '우리식 경제관리 방법'과 같은 정책들은 시장 변화를 촉진한 중요한 요인중 하나로 볼 수 있다. '6.28 방침'과 '12.1 조치'는 기업 경영권을 확대하고 경제활동의 자율성을 부여하며 시장의 새로운 가능성을 열었다(임수호 외, 2015). 시장에서 시작된 작은 경제적 흐름은 점차 체제를 보완하는 동력이 되었고, 주민들의 생활을 부드럽게 이어주는 연결고리가 되었다.

북한의 시장은 이제 하나의 생태계처럼 끊임없이 진화하고 있다. 외곽에서 중심부로, 어둠에서 빛으로 옮겨온 이 공간은 조용하지만 강렬한 변화를 만들어가고 있다. 어쩌면 북한의 시장들이야말로 북한 사회의 내일을 변화시키는 강력한 무대일지도 모른다. 물건을 흥정하는 사람들 사이에서 시작된 작은 움직임이 결국 북한 경제에 더 큰 변화의 흐름으로 영향을 줄 수도 있기 때문이다.

도시 중심부에 자리 잡은 시장은 이제 북한 주민들의 삶과 사회 변화의 상징이 되었다. 그리고 시장은 북한 주민들 삶의 중심부로 들어오고 있다.

소비자 편의 중심의 내부 구조 변화

김정은 정권 이후, 시장은 변화하는 시대의 요구에 따라 스스로를 다듬고 정돈하며 새로운 얼굴을 드러냈다. 함경북도 청진의 수남시장은 그 변화를 보여주는 대표적인 예다. 2016년, 구글어스로 내려다본 수남시장의 모습은 낡고 어수선했다. 이곳저곳에서 공사가 진행 중이었다. 그 당시의 수남시장은 변화를 준비하는 과도기적 모습을 하고 있었다. 지붕은 제각각이었고, 명확한 구획이 없어 시장의 동선은 혼란스러웠다.

2024년, 다시 수남시장을 내려다보면 전혀 다른 풍경이 펼쳐진다. 공사가 끝난 시장은 이제 깔끔한 지붕 아래 체계적으로 정돈된 구획을 자랑

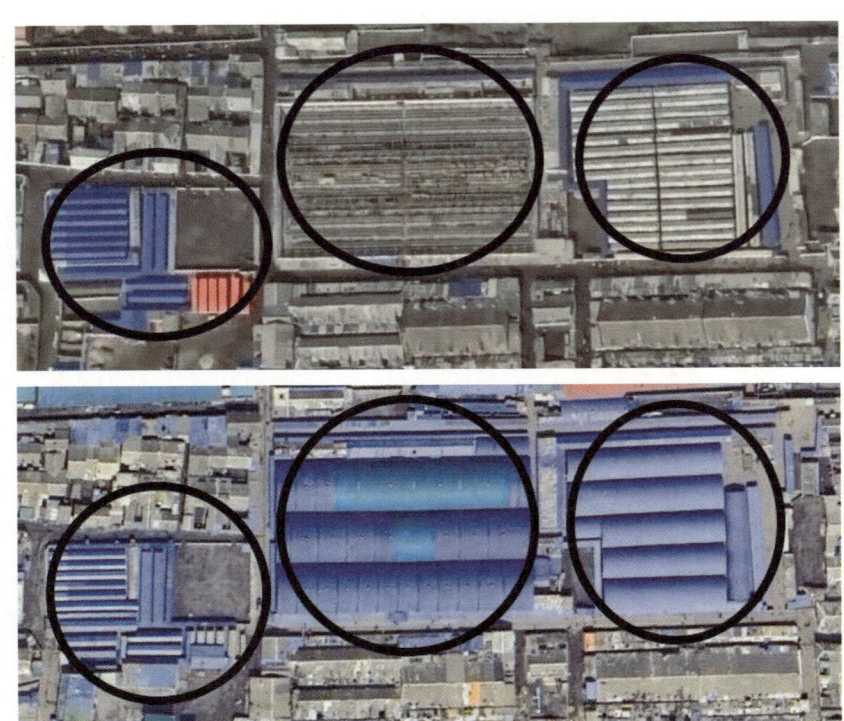

| 수남시장의 변화 과정(2016.10 → 2024.12) ⓒgoogle earth

한다. 더 넓어진 공간과 명확하게 나뉜 구역은 시장을 더 편리하고 친근한 장소로 탈바꿈시켰다. 공사 중이었던 곳은 이제 공업품, 잡화와 식품 매대가 가지런히 자리 잡았고, 신선한 수산물과 깔끔히 정리된 생활용품들이 사람들을 맞이하고 있다. 2016년의 혼란스럽던 시장이 어떻게 이렇게 단정하고 활기찬 공간으로 변모할 수 있었을까?

2010년 이후 종합시장 구조 변형: 혼합형

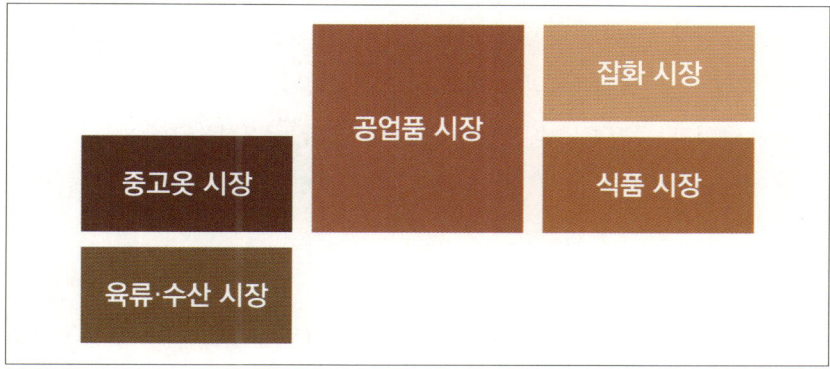

*출처: 홍민 외, 『북한 전국 시장정보: 공식 시장 현황을 중심으로』, 서울: 통일연구원, 2016, p.61 참조

한때는 시장의 좁은 통로와 뒤엉킨 매대들이 사람들의 발걸음을 번거롭게 했다. 물건을 찾느라 여기저기를 헤매야 했고, 공사로 인해 일부 구역은 접근조차 어려웠다. 하지만 이제는 다르다. 체계적으로 정리된 통로와 명확히 구분된 구역 덕분에 시장은 깔끔하게 정돈되었다. 필요한 물건을 빠르게 찾을 수 있는 효율적인 동선은 시장을 찾는 주민들에게 한결 편리한 쇼핑 경험을 선사하고 있다.

3
상품 다양화: 수입품 VS 국산품

Made in Korea, Vietnam, China etc.

북한의 시장에는 중국, 한국, 베트남 그리고 북한이 만들어낸 물건들이 나란히 놓여 있다. 그중에서도 가장 많이 거래되는 상품은 중국산 물건이다. 비싸지 않지만 품질 좋은 중국산 제품들은 시장에서 가장 많이 거래되는 품목이다. 그리고 북한의 부유층을 위한 한국산 물건들도 있다고 한다. 한국의 쿠쿠 밥솥, 그리고 설화수 같은 화장품들도 거래가 되고 있다. 비싸지 않지만 품질좋은 베트남산 의류와 생활용품들도 시장에서 팔리고 있다. 2019년에 탈북한 김숙희(가명) 씨는 북한 종합시장에 대한 생생한 기억을 조심스럽게 꺼내놓았다.

> 시장에 가면 없는 게 없었어요. 중국에서 들어온 값싼 물건부터 우리나라에서 만든 저렴한 제품들, 그리고 동남아나 한국산 고급 제품까지 다 있었지요. (중략) 우리 물건이 의외로 튼튼했어요. 화려하지는 않았지만, 가격이 저렴해서 많이들 사서 쓰곤 했어요.
> (2019년 탈북, 여성 50대)

그렇다. 그녀의 말에 따르면, 종합시장에서는 중국산 제품뿐만 아니라 북한산, 동남아산, 한국산 등 여러 나라의 상품들이 종류별로 다양하게 자리 잡고 있었다고 한다. 북한산 제품들의 경우는 과학기술의 이전 등으로 제품의 질이 좋아졌고 디자인도 이전보다는 세련되어졌기에 나름 북한산 상품들의 경쟁력이 상대적으로 올라가고 있기 때문이다. 특히, 가격이 저렴한 것이 가장 큰 장점이 될 것이다. 중국산이 주종을 이루고 있던 예전과는 달리 북한 시장에는 수입품과 북한산 제품 등 다양한 상품들이 함께 거래되고 있다.

수입품의 다채로움은 제15차 평양가을철국제상품전람회에서 더욱 뚜렷하게 드러난다. 전람회에는 북한뿐 아니라 중국, 베트남, 몽골, 인도네시아, 이탈리아 등 여러 나라의 350여 개 기업이 참여해 각양각색의 제품을 선보였다. 이는 북한 시장이 점점 더 국제적인 색채를 띠고 있음을 보여준다(연합뉴스, 2019.9.24).

| 제15차 평양가을철국제상품전람회 개막 ⓒ〈연합〉

　이렇게 시장에 스며든 수입품들은 단지 물건의 교환 이상을 의미한다. 이들은 주민들에게 더 나은 삶을 향한 희망과 가능성을 선사하며, 북한 경제에 새로운 활력을 불어넣는다. 시장을 거니는 주민들이 다양한 물건들 사이에서 고민하며 쇼핑을 즐기는 모습은 과거에는 상상할 수 없었던 풍경일 것이다. 수입품은 북한 주민들에게 단순한 편의를 넘어, 더 나은 미래를 꿈꾸게 하는 창이자, 새로운 문화와 기술을 만나는 다리가 되어주고 있다.

　결국, 이러한 변화는 북한 경제와 주민들의 삶에 긍정적인 영향을 미치고 있다. 북한 시장에서는 다양한 색채가 모여 더 풍요로운 그림을 완성하듯, 다채로운 수입품과 국산품으로 활기를 띠고 있다. 이곳은 이제 물건을 사고파는 장소를 넘어, 희망과 가능성, 그리고 삶의 질을 향상시키는 중요한 공간으로 자리 잡고 있다.

과학기술 발전을 통한 가격경쟁력 UP

한편, 북한은 과학기술 강조를 통해 자체 제품의 품질을 개선하고, 가격경쟁력을 높이는 데 주력하고 있다. 이는 8차 당 대회에서 과학기술이 사회주의 건설의 중심 과제로 강조되었다. 이와 같은 과학기술의 진보는 자재 부족 문제를 해결하고 경제 자립을 이루는 데 있어 북한이 가장 크게 의존하는 동력이 되고 있다. 과학기술에 대한 강조는 대북 제재로 인한 어려움 속에서 경제를 안정시키려는 노력으로 볼 수 있다.

특히, 경공업 분야에서 북한은 국산 원료 개발과 제품 품질 개선에 주력하고 있으며 이를 통해 자립 경제의 기반을 만들고자 하는 노력으로 보인다. 그리고 이를 독려하기 위해 2024년 12월 15일, 경공업 분야의 성과를 기념하는 품질메달 수여식이 열렸다. 이 자리에서 평양326전선종합공장, 함흥영예군인수지일용품공장, 강계포도술공장, 평양치과위생용품공

평양지하상점에서 인민소비품 전시회 진행 ⓒ〈연합〉

장, 평양정향건재공장, 정성제약종합공장이 생산한 제품들이 국내 최우수 제품으로 선정되었다(『노동신문』, 2024.12.21).

이외에도 이를 잘 보여주는 사례가 바로 최근 평양지하상점에서 열린 인민소비품 전시회이다. 이 전시회에서는 북한에서 자체 생산한 다양한 소비재들이 선보였으며 전시회를 통해 북한 주민들에게 자국산 제품의 우수성을 알리고자 하였다.

자국 내에서 필요한 자재와 원료를 스스로 개발하고 생산하면, 제조 비용을 낮출 뿐 아니라 외부 상황 변화에 더 유연하게 대응할 수 있다. 예를 들어, 타일과 의류를 만드는 데 필요한 섬유와 염료를 자국에서 직접 개발하면, 생산비 절감은 물론 공급망의 안정성까지 확보할 수 있다. 북한은 이를 통해 대북제재를 극복하고자 노력하고 있다.

과학기술 발전과 상품의 다양화

특히, 김정은 정권하에서 북한은 내수시장에서의 경쟁력을 강화하고, 제품 품질을 향상시키기 위해 생산 설비의 현대화와 공정 자동화에 많은 투자를 하고 있다(『노동신문』, 2024.12.08). 평양의 주요 제조 공장들에서는 첨단 자동화 설비가 도입되어 생산 속도는 빨라지고, 품질도 많이 향상되었다고 한다. 이러한 변화는 소비자들에게 보다 좋은 품질의 제품을 선택할 기회를 제공하며, 내수시장에서의 경쟁력을 높이는데 기여할 수도 있을 것이다.

북한은 대북 제재 속에서 자력갱생을 위해 기계화 및 무인화 기술을 개발해 경공업 공장에 도입하는 데 집중하고 있다. 예를 들어, 북한의 대외선전매체인 '메아리'는 국가과학원 111호 제작소의 과학자들이 무인 원료 운반차를 개발한 사실을 보도하며, 자국 기술을 활용해 생산의 효율성

| 북한 평남기계종합공장의 모습 ⓒ〈연합〉

을 높이고 있다는 사실을 홍보하였다.

또한, 북한은 중국으로부터 원자재를 수입하여 자체 기술로 국산품을 생산하고 있다. 비록 북한산 제품이 중국산 제품에 비해 품질 면에서는 뒤쳐지지만, 가격이 상대적으로 저렴해서 주민들에게 인기가 있다. 2017년에 탈북한 이영식(가명) 씨는 북한산 제품들이 주로 중국에서 원자재를 수입하고, 북한 기업소가 자체 기술로 생산하여 시장에 공급된다고 말했다.

이처럼 북한의 시장은 질과 양에서 모두 확장되고 있으며, 주민들은 다양한 제품들을 접할 수 있게 되었다. 그리고 경제적 능력에 따라 제품을 선택할 기회도 많아졌다. 특히, 시장 활동을 통해 부를 축적한 신흥 부유층이 증가하면서 사회의 계층은 점차 분화되고 있다. 이에 따라 북한의 상인들은 각 계층의 수요에 맞춘 다양한 가격과 종류의 차별화된 제품들을 제공하며 시장을 활성화시키고 있다.

김정은 정권 이후 북한 시장에서는 수입품과 국산품 간의 경쟁이 소비자들에게 다양한 선택지를 제공하고 있다. 그리고 수입품은 외국의 다양한 문화와 기술을 소개하고, 주민들의 삶의 질을 높이는 데 기여하고 있다. 한편, 국산품의 품질 개선은 대북 제재 속에서 공급물자의 안정성 확보에 도움을 줄 수 있을 것이다.

4. 유통채널 다각화: 공식과 비공식의 두 얼굴

북한의 유통 채널은 공식과 비공식, 두 가지 상반된 얼굴을 가지고 있다. 그러나 이 두 가지는 서로 연결되어 북한 경제를 형성하는 강력한 두 축을 이루며, 북한 주민들에게는 다양한 선택의 기회를 제공하고 있다.

종합시장, 북한 경제의 동맥을 잇는 공식 유통 채널!

북한의 소비재시장은 전통적으로 농민 시장 형태로 존재해왔다. 그러나 1990년대 고난의 행군 시기 배급제가 마비되면서, 소비재시장은 점차 성장하게 되었다. 특히, 사람들은 필수적인 물품을 구하기 위해 점차 비공식적인 경로를 찾게 되었고, 이는 자연스럽게 '불법'이라는 그림자를 드리운 시장의 변화로 이어졌다. 그러나 2003년 종합시장이 공식적으로 허용된 이후, 시장의 양상은 급변했다. 종합시장은 단순한 시장이 아니라, 북한 경제의 숨통을 트이는 새로운 활력이 되었다.

종합시장은 단순히 물건을 사고파는 장소 이상의 의미를 지닌다. 이곳은 소비자들이 필요한 다양한 상품을 손쉽게 구할 수 있도록 돕는 역할을 한다. 2003년 공식 허용 이후, 종합시장은 더욱 다변화된 유통 구조를 형성했다. 종합시장의 유통 구조는 1차 공급자, 2차 공급자, 최종 판매자로 이루어진 세 단계로 이루어진다. 무역회사, 보따리장수, 밀수업자 등이 1차 공급자로 활동하며, 이들은 외국에서 들여온 상품을 각 도에 있는 지사로 보낸다. 이후 2차 공급자인 중간상과 도매상인들이 이 물품들을 대량으로 구입해 지역 시장에 유통시킨다. 마지막으로, 최종 판매자들은 시장 내 매대나 직매점에서 다양한 상품을 소비자들에게 제공한다.

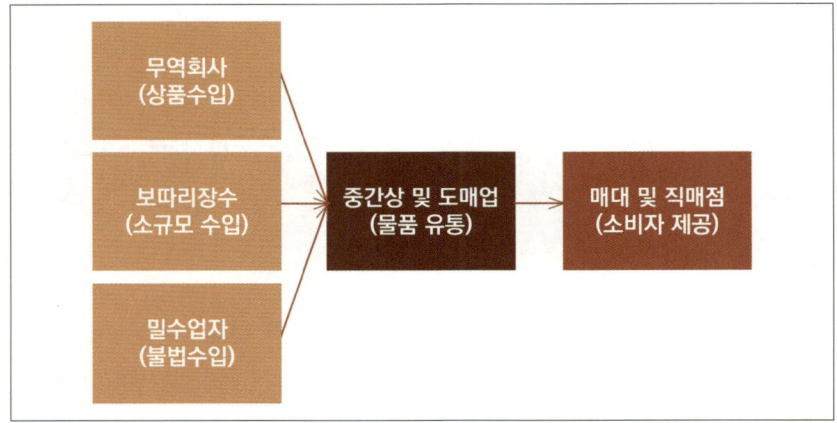

| 북한 소비재시장의 유통 구조 *출처: 저자 작성

　　1990년대 말, 무역회사가 시장의 1차 소비재 상품 공급자로 부상하면서 그동안 시장 공급을 좌우하던 신의주 화교의 독점적 지위는 점차 사라졌다. 대도시에는 무역회사의 판매소와 물류창고가 설립되었고, 이로 인해 소비재시장은 규모가 확대되었는데, 특히 청진 등 국경 근처의 대도시들이 중심지가 되었다. 그리고 북한의 수도인 평양시와 인접한 평성은 전국 각지의 도로와 철도망이 잘 연결되어 있어 북한 최대의 도매시장으로

떠오르며, 상품을 배분할 수 있는 유통의 중심지가 되었다. 이와 같은 발전은 운송 등 서비스 산업의 발달로 이어졌고, 전국적인 유통망을 구축하는 데 중요한 역할을 한다.

종합시장은 이제 단순한 시장이 아니다. 북한 경제의 심장으로, 이곳에서 일어나는 거래는 주민의 삶과 직결되어 있다. 공급망을 구성하는 주체들은 서로 얽히며 물류의 흐름을 만들어서 북한 전역에서 상품이 원활하게 공급될 수 있는 유통 인프라를 구축하고 있다.

이렇듯, 종합시장은 마치 강이 여러 갈래로 흘러 대지를 비옥하게 만드는 자연의 원리처럼, 북한 경제와 주민들의 삶을 변화시킨다. 종합시장의 활발한 경제활동 덕분에 주민들은 다양한 상품을 고를 수 있는 선택의 폭을 넓혔고, 경제적 활성화에 기여하였다. 북한의 유통 시스템은 현재 불안정한 정세 속에서도 계속 성장하고 있으며, 종합시장은 그 변화의 중심에 있다.

백화점, 북한 경제를 주도하는 상류층 소비의 중심지!

북한의 유통채널 중 하나인 백화점은 최근 몇 년 동안 눈에 띄는 변화를 겪고 있다. 과거에는 단지 물건을 진열하는 공간에 불과했지만, 이제 백화점은 북한 경제에서 중요한 위치를 차지하는 유통의 중심지로 떠오르고 있다. 김정은 정권 이후, 백화점은 단순히 상품을 전시하는 공간을 넘어, 실질적으로 상품이 거래되는 활발한 장터로 변모하였다. 그리고 백화점은 마치 무대 위의 주인공처럼 북한 경제에서 그 위상이 달라지고 있다.

평양의 낙원백화점과 대성백화점은 그 대표적인 예다. 낙원백화점은 최근 고급 LED 텔레비전 할인 판매로 북한 사회에 큰 화제를 일으켰다. 백화점이 외화 유입의 중요한 창구로 활용되는 것은 단지 상품을 판매하는 것을 넘어, 북한 당국의 외환 확보 전략의 일환이기도 하다. 낙원백화점은 평양의 상류층과 소위 '돈주'들의 소비 욕구를 충족시키는 중요한 역할을 하고 있으며, 일반 시장에서 쉽게 구할 수 없는 고급 제품들을 판매하고 있다. 이곳은 단순한 쇼핑 공간을 넘어, 북한 상류층의 문화와 경제적 수준을 반영하는 장소로 변모하고 있다.

또한, 대성백화점은 명품 브랜드의 가방, 시계, 의류 등을 선보이며 큰 인기를 끌고 있다(Daily NK, 2024.2.27.). 여기서는 단순히 상품을 판매하는 것을 넘어, 특정 부자 고객층을 대상으로 한 맞춤형 서비스와 특별한 소비 경험을 제공한다. 이와 같이 백화점은 단순히 물건을 사는 곳이 아니라, 외화 유입과 북한 경제의 상류층 소비를 집중적으로 다루는 핵심적인 창구로 자리 잡았음을 보여준다.

| 평양 대성백화점의 준공 모습 ⓒ〈연합〉

김정은 위원장이 백화점을 방문하여 "인민들의 생활상 편의를 보장해야 한다"고 강조한 것은, 백화점이 단순히 상류층을 위한 소비 공간을 넘어, 북한 경제의 발전과 주민 생활 향상에 중요한 역할을 하고 있다는 것을 인정한 것이다. 백화점은 이제 상류층 소비를 충족시키는 것에 그치지 않고, 북한 경제에 필수적인 유통망의 핵심적인 부분으로 자리매김하고 있다. 이 공간은 소비자에게 새로운 기회를 제공하고, 북한 경제에도 긍정적 역할을 하고 있다.

이러한 변화는 북한 경제가 새롭게 전환점을 맞이하고 있다는 증거이다. 백화점은 이제 북한 경제 유통 구조에서 외환 유입과 상류층 소비를 집중적으로 다루는 핵심적인 장으로 자리매김했다.

비공식 채널인 메뚜기장, 똑똑이장, 달리기장

북한의 비공식 경제 채널은 그 자체로 하나의 독특한 생태계를 이루고 있다. 정부의 공식 감독을 벗어난 이들 시장은, 마치 숨겨진 길처럼 북한 경제의 뚜렷한 상징으로 자리잡고 있다. '메뚜기장', '똑똑이장', '달리기장'은 각각 고유한 특성을 가진 시장으로, 북한 주민들의 생활과 경제활동에 중요한 역할을 하고 있다.

먼저, 메뚜기장은 이동성이 큰 노점 시장으로, 취약한 계층의 판매자들이 주로 저렴한 생필품과 식품을 거래하는 곳이다. 이들은 주로 단속을 피해 빠르게 자리를 옮기거나, 필요에 따라 뇌물을 사용하여 단속을 피해 간다. 메뚜기장은 불안정한 경제 상황 속에서도 주민들에게 필수품을 공급하는 중요한 역할을 하며, 주민들의 일상적인 삶을 지탱하는 역할을 한다.

똑똑이장은 또 다른 형태의 시장으로, 방문 판매 방식으로 상품을 직접 판매하는 특징이 있다. 주로 비교적 고급 제품이나 특정 소비자층을 대상으로 하며, 판매자와 소비자가 얼굴을 맞대는 이 방식은 개인화된 서비스로 차별화된다. 이는 상대적으로 높은 수익을 창출할 수 있는 방식으로, 고급 소비를 원하는 계층을 타겟으로 하고 있다. 똑똑이장은 소비자 맞춤형 서비스를 통해 시장의 상류층에게 접근할 수 있는 중요한 창구 역할을 한다.

그리고 달리기장은 지역 간 물품을 운송하며 중간 상인 역할을 하는 시장이다. 다양한 지역에서 물품을 구입해 다른 지역에 팔면서 수익을 창출하는 상인들이 활동한다. 이들은 광범위한 물류 네트워크를 통해 가격 차이를 이용하고, 시장의 유동성을 높이며 소비자들에게 다양한 제품을 공급하는 중요한 역할을 한다. 달리기장은 지역 간 상품 유통을 통해 북한 내 상품의 접근성을 높이고, 주민들의 소비 패턴을 보다 다양화하는데 기여한다.

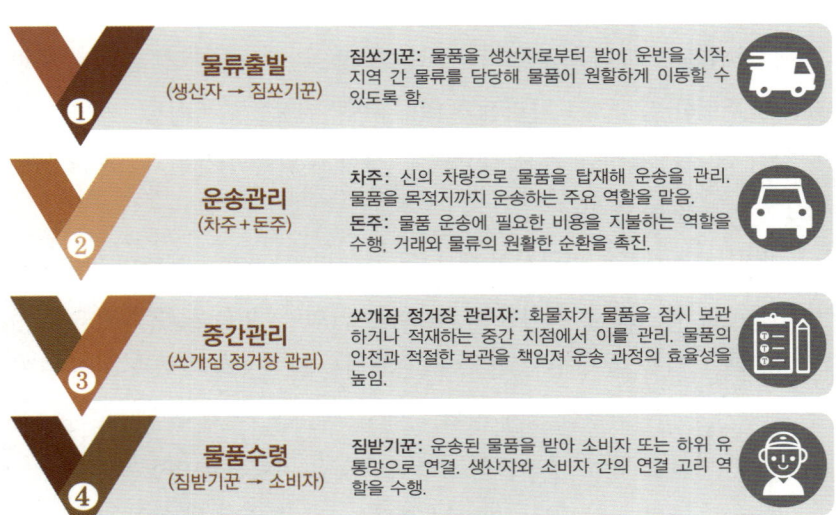

| 북한 유통 시장의 새로운 직종: 유통 과정 및 역할 *출처: 저자 작성

이러한 시장들의 발전은 새로운 직종의 만들어내고 있다. '짐쏘기꾼'은 물품을 운반하고, '짐받기꾼'은 물품을 받아 각 지역으로 연결하는 역할을 맡고 있다. 또한, 차주는 자신의 차량을 이용해 택배를 관리하며, 운송 과정을 효율적으로 돕는다. 돈주는 운송비를 지불하여 거래를 원활하게 하고, '쏘개짐 정거장' 관리자는 물품의 안전한 보관과 적재를 책임진다. 이 모든 역할들은 시장의 원활한 운영을 보장하며, 경제활동의 순환을 촉진시킨다.

이렇듯, 북한의 비공식 경제는 마치 흐르는 강물처럼 다양한 채널을 통해 사람들의 삶에 스며들고 있다. 1990년대 중반 경제난이 심화되면서 국가의 공식 유통망이 붕괴되자, 주민들은 자연스럽게 비공식적인 유통망을 형성하기 시작했다. 경제난이 지속되면서 비공식 시장은 서서히 확산되었고, 2002년 7.1 조치 이후 더욱 확대되었다.

특히 중간 도매상들의 역할이 강화되면서, 비공식 경제는 크게 활성화되었고, 이는 주민들에게 더 많은 선택지를 제공하며 상품의 다양성을 증가시켰다. 국산 제품과 수입품이 섞인 시장은 소비자들에게 더 많은 선택의 기회를 주고, 경쟁을 통해 품질 향상과 가격 인하를 이끌어낸다. 이러한 변화는 국제사회의 대북 제재로 인한 외부 의존도를 일부 줄이고, 북한 내 자원을 최적화하여 국내 생산을 촉진하는데에도 효과를 가져왔을 것으로 보인다.

비공식 시장의 다변화는 여러 갈래의 강물이 들판을 적시듯, 북한 경제에 새로운 활력을 불어넣는다. 소비자들은 다양한 선택지를 통해 만족감을 느끼며, 이는 재구매율을 높이고 북한 기업소의 매출 증대로 이어진다. 이러한 시장 유통구조는 주민들의 생활 수준 향상에 기여할 것으로 보인다.

결국, 메뚜기장, 똑똑이장, 달리기장은 북한 주민들의 삶의 중요한 생명선 역할을 하며, 북한 내수시장의 활성화와 주민들의 생활 향상에 크게 기여하고 있다.

5
재정 확충: 시장이 불러일으키는 재정 빌드업

장막 뒤의 숨겨진 재정 구조와 세금

북한의 소비재시장은 단순히 주민들에게 필요한 물품을 공급하는 경제의 한 축을 넘어, 국가재정에도 중대한 기여하는 핵심적인 역할을 하고 있다. 특히, 김정은 시대에 접어들면서 시장화가 더욱 확산되었고, 그 결과 소비재시장은 이제 국가의 세수와 재정 운용에 필수적인 요소로 자리 잡았다. 시장에서 거두어드리는 수수료는 국가재정 확충에도 기여를 하고 있는 것으로 보인다.

북한은 1948년, 처음 헌법을 제정하면서 "공민은 그 경제적 형편에 따라 조세를 납입하여야 한다"고 규정했다. 국정 운영을 위한 자금을 조세로 충당하던, 그야말로 전통적인 국가의 모습이었다. 1972년, 북한은 최고인민회의 제5기 제1차 회의에서 사회주의 헌법 제33조를 채택하며 '세금이 없는 나라'임을 선언했다(최정욱, 2019).

그러나 현실은 달랐다. 국가가 모든 것을 책임지고 주민들은 더 이상 세금을 걱정하지 않아도 되는 줄 알았지만, 이상과 현실 사이의 간극은 점차 커져갔다. 경제난이 깊어지고 자원의 흐름이 막히면서, 북한은 세금이라는 이름을 쓰지 않을 뿐, 다른 방식으로 재정을 조달해야 했다. '세금이 없는 나라'라는 이상적인 구호 뒤에서, 국가 운영에 필요한 자금의 일부를 메운 것은 바로 '수수료'와 다양한 형태의 '납부금'이었다.

시장에서 발생하는 거래 수수료, 기업의 생산과 경영에서 나오는 납부금은 이제 북한 경제를 지탱하는 중요한 축이 되었다. 시장의 활성화가 가져온 경제적 이익은 국가재정으로도 흘러간다. 주민들이 시장에서 물건을 사고파는 그 작은 행위 하나 하나가, 사실은 국가 재정의 혈관을 흐르는 피와 같은 역할을 한다.

하지만 북한의 재정 구조는 우리가 흔히 아는 투명한 세금 체제와는 거리가 멀다. 모든 것이 여러 겹의 베일로 감춰져 있고, 그 흐름은 철저히 비밀에 부쳐져 있다. 국가 예산은 물론이고, 당과 군의 자금까지도 각각 독립적으로 관리되며, 그 전체 그림을 완전히 파악하기란 거의 불가능에 가깝다.

보통 북한의 재정은 크게 국가 예산, 당의 자금과 군의 예산으로 보며, 각기 다른 채널을 통해 관리되며, 그 대부분은 외부에 공개되지 않는다(양문수·임송, 2022). 사실상 공개된 예산은 어둠 속에서 겨우 드러난 그림자에 불과하고, 당과 군의 예산은 철저히 비밀에 부쳐져 있어 일반적으로 그 흐름을 추적하는 것은 불가능에 가깝다.

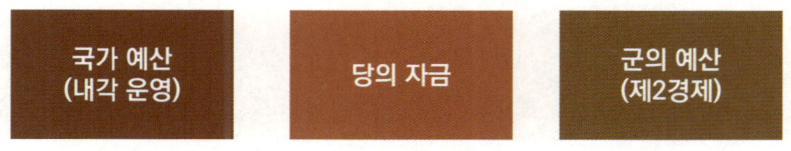

| 북한의 재정 개념 *출처: 저자 작성

이러한 복잡한 재정 구조 속에서 소비재시장은 점차 중요한 역할하고 있다. 특히, 1990년대 고난의 행군 시기, 북한의 계획경제는 점차 붕괴되기 시작했다. 그리고 북한 당국은 부족한 예산을 채우기 위해, 다양한 외화벌이 수단을 활용하기 시작했다. 수출 회사, 외화 식당, 해외 파견 직원 등 여러 채널을 통해 북한은 국가 예산을 채우기 위한 노력을 지속했다.

2002년의 7.1 경제관리 개선조치는 시장의 활성화에 크게 기여하였다. 이 조치로 인한 기업소의 자율성을 확대는 기업활동을 촉진시켰고, 북한 경제에서 새로운 세원의 흐름을 만들어냈다. 협동농장과 개인 경작지에서의 토지 사용료, 시장에서의 장사 활동으로 발생하는 국가기업납부금, 시장이용료(최정욱, 2020) 등 다양한 새로운 세금 항목들이 등장하며, 부족한 북한의 국가 예산 확보에 기여했다. 국가재산판매납부금 등 새로운 재정 수입 항목이 신설되었다(이상만, 2015). 이후 수수료와 납부금은 북한 재정의 일부가 되었다.

가격 현실화 조치 이후, 시장에서의 거래가 활성화되면서 개별 기업소의 수익이 크게 증가했다. 그리고 이는 북한 정부의 수입 확대에도 기여하게 된다. 결국, 북한의 소비재시장은 그 자체로 국가재정에 중요한 기여를 하고 있으며, 이는 경제의 안정에도 의미 있는 요소로 작용하고 있다.

시장을 통한 재정 확충!

북한의 경제를 이야기할 때, 우리는 흔히 그들의 전통적인 계획경제 모델을 떠올리기 쉽다. 그러나 고난의 행군 이후 북한 경제는 급격한 변화를 겪었다. 1990년대 중반부터 시작된 경제적 어려움은 계획경제 모델의 한계를 드러냈고, 이에 따라 시장의 역할이 점차 확대되었다. 특히, 2002년 7.1조치 이후, 북한은 시장경제 요소를 적극적으로 도입하며 경제구조를 재편성했다. 이 조치는 북한 경제의 구조적 변화를 가져왔고, 그 이후 시장은 더욱 확산되었다. 이제 북한 경제는 국가가 주도하는 계획경제와 시장경제가 같이 공존하는 복합적인 구조로 볼 수도 있다.

시장 활동은 이제 북한 국가재정 수입의 중요한 부분을 차지하고 있다. 시장에서 발생하는 수수료와 납부금은 국가 예산에 중요한 자원을 공급하고 있으며, 이는 북한 경제에서 시장의 역할이 매우 중요해졌음을 보여준다. 예를 들면 2017년 미국전략국제문제연구소(CSIS) 산하의 Beyond Parallel의 조사에 따르면, 북한 정부는 종합시장 활동에 부과하는 수수료를 통해 연간 약 5,680만 달러의 수입을 창출하고 있다. 특히, 대표적인 시장인 수남시장(청진)에서는 연간 약 84만 9,329달러의 세수를 걷는 것으로 추정했다.

이러한 수치는 시장 활동에서 발생하는 수입이 북한의 재정 수입에 기여하고 있음을 보여준다. 시장은 이제 북한 경제에서 빼놓을 수 없는 요소이며 앞으로 그 역할은 더욱 커질 것으로 보인다.

시장이 만들어내는 경제의 강력한 선순환!

기업과 주민들의 시장 활동은 단순히 경제적인 수입을 창출하는 수준을 넘어서, 점차 국가의 재정에도 기여하고 있다. 시장화가 진행되면서 북한 경제는 계획경제와 시장경제가 상호 보완하는 방식으로 변화하고 있다.

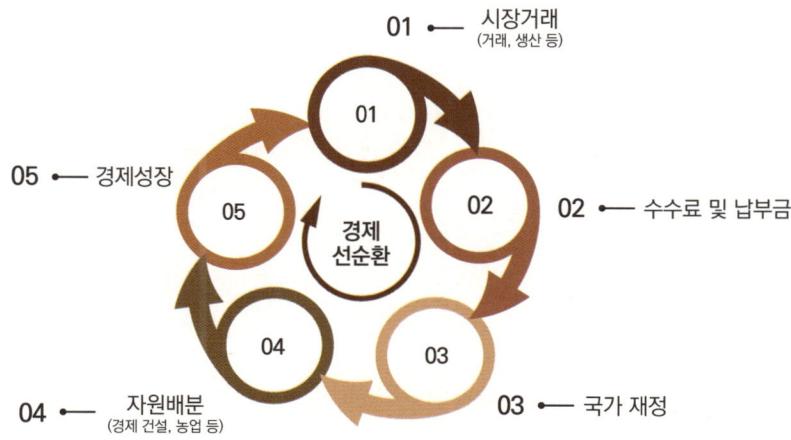

| 북한의 시장 활동과 국가 재정의 선순환 구조 *출처: 저자 작성

예전에는 중앙계획에 의해 모든 경제활동이 통제되었지만, 이제는 시장에서 발생하는 경제 잉여가 국가 예산에 중요한 자원으로 유입되고 있다. 예를 들어, 시장 활동에서 창출된 수입은 경제 건설과 농업 등의 중요한 분야에 자원을 배분하는 데 사용된다.

이러한 자원배분은 마치 나무가 그 뿌리에서부터 영양분을 고르게 분배하는 것처럼 경제 전반에 걸쳐 영향을 미치게 될 것이다. 즉, 시장의 활성화통해 창출되는 수입의 재투자를 통해 경제가 더욱 활발하게 돌아가는 선순환 구조가 만들어지고 있는 것을 의미한다.

이와 같은 선순환 구조는 시장경제와 계획경제가 조화롭게 발전할 가능성을 열어주며, 북한의 장기적인 경제 안정에도 도움이 될 것이다. 그리고 이는 사회주의 체제 속에서 북한이 시장과 계획경제의 균형을 통해 지속적으로 성장할 수 있는 길이 될 것이다.

IV

노동시장의 변화

장혜원

북한의 수도 평양 모란봉구역에 가면 랜드마크 중 하나인 개선문이 눈에 띈다. 파리의 개선문을 벤치마킹한 것으로 알려진 평양의 개선문은 세계에서 가장 큰 규모를 자랑하기도 한다. 김일성의 독립운동을 널리 선전하기 위해 건설된 개선문 옆 공터에 가면 형형색색의 사람들이 자전거와 함께 서 있는 모습을 쉽게 볼 수 있다. 그 사람들은 누구일까?
　바로 '일공'이라 불리는 북한의 일용직 노동자들이다. 깨끗한 옷차림으로 서 있다가 누군가 다가가면 그들은 옅은 미소를 지어 보이기까지 한다. 낯선 이임에도 불구하고 선택받기 위해 '자본주의 미소'쯤은 서비스로 해줄 수 있다는 듯. 그 낯선 이가 어쩌면 오늘 하루 일할 기회를 줄 고용주가 될 수도 있다. 운이 좋으면 고용 기간은 일주일 혹은 수개월이 될 수도 있다. 일자리를 얻기 위해 그들이 할 수 있는 일은 찰나에 결정지어지는 '인상'을 최대한 돋보이게 하는 것이다. 성실하고 건강한 이미지로 시선을 끌어야 면접이라도 볼 기회가 있기 때문이다.

| 평양을 방문한 남측 여성대표단의 개선문 관광 ©〈연합〉

평양은 잘 알려진 바와 같이 북한의 최고위층이 밀집해 있는 곳이다. '공민'으로 불리는 지방 주민들과 달리 '시민'으로 불리는 평양 사람들은 상대적으로 좋은 환경에서 살고 있다. 평양의 공장, 기업들은 지방에 비해 생산 활동이 양호한 편이고, 근로자들에 대한 국가의 식량 및 물자 공급도 어느 정도 이루어지고 있다. 그럼에도 불구하고 개선문 주변이 인력시장으로 활용되는 것은 국가의 공급만으로는 살아갈 수 없는 북한의 현실을 적나라하게 보여준다.

북한에는 '특수단위' 혹은 '특급기업소'라 불리는 몇몇 중요 공장을 제외하고 정상적인 생산 활동을 하는 곳은 많지 않다. 그러다 보니 노동자들의 일거리도 별로 없다. 설령 직장에서 일하고 국정 가격(국가에서 정해준 가격)으로 지급되는 노임(월급)을 받는다해도 시장가격으로 판매되는 식량과 필수품을 구매하기엔 턱없이 부족하다. 국정 가격으로 식량과 물건을 공급해야 할 상업망이 시장에 자리를 내어준 것은 이미 오래전 일이다. 노동자들이 개선문 공터에 나올 수밖에 없는 이유다.

그렇다면 노동력을 구매하는 사람들은 어떤 사람들일까? 주로 사기업이나 개인이다. 때로는 국가기관도 노동력을 구매한다. 시장가격인 임금을 주고 사람을 고용하면 노동생산성이 훨씬 높아지므로, 생산과 경영활동이 이뤄지는 모든 곳에 노동력 수요가 있게 마련이다. 물론 일용직만 존재하는 것은 아니다. 몇 달 혹은 몇 년의 고용계약을 체결하기도 하고, 인력시장이 아닌 중개인을 통해 고용주와 피고용인이 연결되는 시장도 있다.

노동시장에 대한 당국의 태도는 타 영역 보다 매우 보수적이다. 그러나 현실을 마냥 외면할 수만은 없다. 때로는 통제와 억압을, 때로는 방임과 적절한 활용으로 당국은 시장과 힘겨루기를 하는 중이다. 제도적 보호의 부재 속에 노동시장은 나름대로 암묵적인 질서와 규칙도 만들어가고 있다. 지난 30여 년간 시장화의 진전 속에 노동시장은 수요자와 공급자, 중개인 등이 모여 각자의 역할에 충실하면서 나름 활기차게 변화하고 있다. 김정은 집권 이후 북한 기업의 자율권 확대, 특히 노력조절권 부여 등 여건 변화로 북한의 노동시장은 그 어느 때보다 양적으로 성장하고 질적으로 발전하고 있다.

1
직업과 일자리: 공식 직업과 비공식 일자리

"직업이 뭐에요?"

누군가 북한 사람에게 이런 질문을 한다면 상당수는 "노동자요"라고 심플하게 대답할 것이다. 노동자 대신에 사무원이나 농장원, 부양 등의 다른 직종이 들어가도 우리가 받는 느낌은 비슷하다. 반대로 우리나라 사람들에게 같은 질문을 했을 때 "근로자요", 혹은 "노동자요"라고 대답하는 사람은 별로 없다. 노동자라는 대분류보다는 최소한 영업직인지 혹은 생산직인지를 말하거나, 사무원이라는 모호한 말 대신 공무원이나 혹은 일반기업 사무직이라는 구체화된 표현을 쓴다.

질문을 바꾸어 "어떻게 먹고 살아요?" 혹은 "생계를 꾸려가는 일자리는 뭐에요?"라고 한다면 상황은 달라진다. 시장에서 화장품을 판매한다거나, 상점의 물품을 소비자에게 배달하거나, 원산-함흥 사이 '써비차'(서비스 차의 줄임말로, 돈을 내고 이용하는 운송 수단이라는 뜻) 조수를 한다는 등의 아주 구체적인 답을 들을 수 있다. 왜 이런 일이 일어날까?

원래 직업과 일자리의 사전적 의미는 같다. 하지만 북한에서 직업과 일자리의 뉘앙스는 다르다. 직업이 공식적으로 소속되어 있는 행정적인 신분을 의미한다면, 일자리는 실제로 생계를 유지하는 데 필요한 돈을 버는 일을 말한다. 물론 직업과 일자리가 같은 사람들도 있지만 그런 사람들은 상위 10%도 채 되지 않을 것이다.

오늘날 대부분의 북한 주민들은 공식적인 직업과 비공식적인 일자리를 갖고 있다. 둘 중 하나만으로는 북한에서 살아가기 어렵기 때문이다. 공식적인 직업이 국가의 '노동계획'에 의해 이뤄지는 인사관리 시스템의 결과라면, 비공식적인 일자리는 노동자가 실제 먹고 입고 살아가기 위해 필수적인 임금을 받는 일터를 의미한다.

8.3 노동자

공식적인 직업만 있으면 먹고살기 어렵고, 그렇다고 국가의 노동계획을 무시하고 돈벌이에만 집중하면 국가의 처벌을 피하기 어렵다. 일거리가 없는 기업과 직장에 출근해도 전혀 경제적 이익을 얻을 수 없는 노동자의 이해관계가 충돌하다 결국 절충안이 만들어졌다. 뇌물을 찔러주고 일주일이나 보름 정도 시간을 받는 방식이다. 그러다 점차 발전해 월마다 혹은 분기마다 정해진 금액만 바치면 직장에선 무엇을 하든 상관하지 않는 상태에 이르렀다. 이렇게 노동자인 듯 노동자 아닌 8.3노동자가 탄생했다.

 8.3 노동자
: 북한의 노동계획에 의해 공식적으로 배치받은 소속 직장에 매월(분기, 반기, 연간 등) 일정 금액을 납부하는 대신 출근을 면제받고 실질적인 생업 활동에 종사하는 노동자

> 내가 매달 꼬박꼬박 바친 돈만 가지고도 우리 기업소는 국가계획을 다 했을 거에요. 그래서 난 내가 우리 기업소의 숨은 영웅이라고 생각했어요. 이게 영웅이지 딴 게 영웅이겠어요?
> (2017년 탈북, 남성 30대)

북한 지방 소도시의 작은 기업소에서 노동자로 일한 리명남(가명, 40대)씨의 목소리엔 은근한 자부심이 배어있었다. 그러면서 자신의 장사가 잘된 편이라 한 달 50달러씩 기업소에 바치는 데 전혀 부담이 없었다고 했다. 50달러면 국정 가격으로 월 노임 4,000원을 받는 근로자 100명에게 지급할 수 있는 금액이니, 숨은 영웅이라고 할 만하다.

북한에서 50달러의 시장가치는 나름 괜찮게 사는 4인 가족의 월 생활비 수준이다. 1달러는 북한 돈으로 대략 8,000원 정도(2024년 6월 12,000원, 12월 20,000원을 돌파했으나, 이는 논외로 한다)이므로 50달러는 북한돈 40만 원이다. 4인 가족의 월 식량 소비를 40kg으로 가정했을 때 식량 마련에 2~30만 원을 쓰고 나머지 금액을 부식물과 연료구매에 사용한다. 참고로 북한의 식량 가격은 5,000원~6,000원 수준이다(2024년

12월 한때 9,000원을 돌파하기도 했다).

일반적으로 회사에 취직해 일하는 이유는 급여를 받기 위해서다. 돈을 주지 않는다면 출근할 이유가 없다. 그러나 북한에서는 시장 경제활동에 참여할 시간을 받기 위해 오히려 직장에 돈을 내야 한다. 사회주의 혁명이 자본가의 노동자 착취를 반대하여 시작되었음을 상기할 때 북한의 현실은 참으로 아이러니하지 않을 수 없다.

'팔삼'이라는 숫자는 원래 "8월 3일 인민소비품생산운동"에서 유래된 8월 3일을 의미한다. 1980년대 추진된 8.3인민소비품 생산 운동의 본질은 생산활동에서 발생하는 부산물과 자투리를 가지고 인민 생활에 필요한 물건을 계획 외에 더 만드는 것이었다. 해당 캠페인을 통해 자원을 아끼고, 또 집에서 놀고 있는 주부들이 부산물 가공 활동에 참여해 부수입도 올리는 일거양득의 "현명한 당정책"이었다. 하지만 결과는 다르게 흘러갔다.

예를 들어 옷 공장에서 생산되는 자투리 천 조각을 활용해 장갑, 조끼 등 8.3제품을 만들어야 하는데 품이 많이 드는 대신 결과물의 품질은 좋지 않았다. 8.3제품도 계획의 형태로 과제가 하달되자 계획수행을 위해 '가내생산협동조합'에서는 공장과 짜고 원자재를 빼돌렸다. 가정주부들도 만들어진 '가내생산협동조합'의 책임자가 대부분 간부 아내들이라 가능한 일이기도 했다. 8.3인민소비품 생산 운동의 취지는 좋았으나, 결국 이 캠페인으로 피해를 입은 것은 기존 국가계획 부문의 생산활동이다.

8.3인민소비품 생산 운동이 만들어낸 또 하나의 창조물이 있다. 바로 '팔삼'이라는 단어다. 팔삼 제품은 공장이 아닌 '가내반'(가내생산협동조합의 줄임말)에서 만든 물건이다 보니 기성품보다 품질이 조악했다. 어느 순간부터 '팔삼'이라는 단어는 뭔가 부족한 모든 것을 지칭하는 대명사가 되어버렸다. 물건은 물론 사람에게도 붙었다. 제대로 행동하라는 말을 "팔삼처럼 놀지 말아"로 표현하기도 한다.

무직은 불법

북한에서 무직은 불법이다. 이직 혹은 특정한 사유가 있다면 정해진 기간(보통 15일로 되어있으나 사정에 따라 몇 달이 될 수도 있다.) 내 일시적인 무직은 가능하다. 그러나 장기적인 무직은 법적으로 처벌을 받는다. 북한 당국은 주민들의 거주지가 속한 인민반을 통해 무직자들을 주기적으로 색출해낸다. 그렇게 모집된 무직자들을 사회동원에 내보내거나, 심할 경우 3개월 혹은 6개월의 노동교화형에 처하기도 한다. 그러다 보니 노동자들, 특히 성인 남자들은 울며 겨자 먹기로 경제적으로 전혀 도움이 되지 않는 국영기업에 적(籍)을 두는 것이다.

여성의 경우 결혼 후에는 "부양"(남한의 가정주부)이라는 직업란을 택할 수 있어 이 부분에서는 상대적으로 유리하다. 물론 미혼 여성이라면 만 60세 이전의 성인 남성과 마찬가지로 반드시 직장을 가져야 한다. 북한에서 노동은 권리이기 전에 '공민의 신성한 의무'이기 때문이다. 북한은 스스로 공화국(조선민주주의인민공화국)으로 지칭하며, 사람도 주로 '공민'으로 부른다.

직장에 돈을 내고 시간을 받은 사람들은 어떻게 돈을 벌까? 돈을 버는 방법은 천차만별이다. 단순하게 시장에서 장사하는 사람도 있고, 물건을 유통시키는 사람도 있으며, 음식을 만들어 팔기도 한다. 그리고 장사할 방법을 모르고, 자본이나 생산수단이 없는 상당수는 자신의 노동력을 판다. 즉 다른 개인이나 기업에 고용되어 임금 노동자가 되는 것이다.

한편 기업의 독립채산제가 강화되며 노동자들에게 줄 월급 마련은 기업의 몫이 되었다. 기업은 원자재 부족, 전력부족 등으로 가동률이 낮아 많은 노동력이 필요 없는 상황에서 적을 걸어주는 대가로 현금을 바치는 8.3노동자가 반갑다. 8.3노동자들로부터 '수입금'을 받아 공장 간부들과 공장 유지에 필요한 최소한의 인원들에게 적당한 월급을 줄 수 있기 때문이다. 기업에 적을 걸고 수입금을 납부하는 대신 자유로운 시간을 얻어 사적 경제활동을 하고 싶은 노동자와 기업의 이해관계가 맞아떨어지는 지점이다.

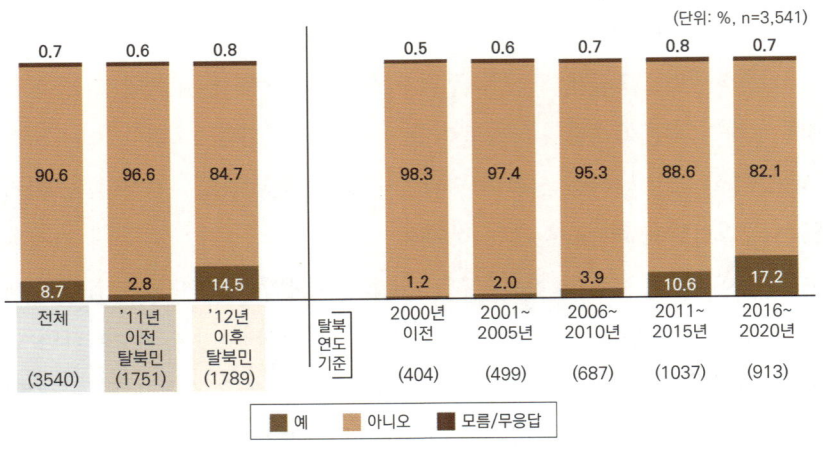

| 사적고용(삯벌이)을 해본 경험 유무
*출처: 이우영 외, 『북한 경제사회실태보고서』, (서울: 통일부, 2024), p. 132.

최근 통일부에서 공개한 "북한 경제, 사회실태 인식 보고서(2024)"에 따르면, 사적 고용을 통해 임금노동을 경험해 본 사람들은 꾸준히 증가하고 있다. 2000년 이전 4.5%에 불과했던 사적 고용 경험자는 2011년 이후 12.8%, 2016년 이후 14.7%로 증가했다. 노동시장 참여자가 늘고 있는 것은 그만큼 공식적인 영역에서 먹고 살아가는 일이 힘들어졌거나 혹은 충분하지 않다는 것을 의미한다. 임금 노동자가 1인 2직업 혹은 1인 다직업의 형태로 존재할 수밖에 없는 이유이기도 하다.

자력갱생의 노동시장

일반적으로 노동시장에서 공급자는 수요자보다 약자의 위치에 놓인다. 우리가 구직활동을 할 때를 상상하면 쉽게 이해할 수 있다. 회사에서 마음에 드는 사람을 선발하기도 어렵지만, 구직자가 취업하는 것은 그보다 훨씬 더 어렵다. 힘들게 취업했는데 질이 좋지 않은 이른바 '악덕 고용주'를 만나 임금체불과 각종 불공정 업무지시로 고생하는 사람들도 적지 않다. 따라서 정부는 노동정책과 노동시장 규제를 통해 실질적 약자인 노동자를 보호한다.

그러나 북한 노동시장은 이러한 정부의 역할이 부재한 상황이다. 왜냐하면 북한에서 노동시장은 그 자체로 불법이기 때문이다. 주민 대다수가 노동시장에서 경제활동을 하고 있음에도 노동자를 보호해야 할 당국은 노동시장 그 자체를 인정하지 않고 있다. 노동력을 상품으로 거래하는 것이 사회주의 체제의 정체성과 정면으로 배치되기 때문이다.

결국 북한 주민들은 노동자 보호도 자체로 해결하고 있다. 일종의 노동조합 비슷한 조(team)를 만들어 고용주와 상대한다. 조를 만들어 함께 움직이면 근로조건이나 임금 협상에 유리하다. 또한 노동생산성도 향상되는 측면이 있어 고용주 입장에서도 나쁘지 않은 방식이다. 북한의 시장은 태생부터 정부의 억압과 통제 속에서 자생적으로 발전해왔다. 노동시장도 마찬가지다. 불법과 비법의 영역임에도 불구하고 참여자들의 자력갱생으로 꾸준히 성장하고 있다.

2. 붉은 자본가: 임금 노동자를 고용하는 사람들

그림에서 확인할 수 있듯이 시간이 흐르면서 다른 사람에게 일을 시켜본 경험, 즉 고용주도 증가하고 있다. 일반적으로 고용 주체는 자본과 생산수단을 가지고 생산 및 영업활동을 통해 새로운 이윤을 창출할 수 있는 기업이다. 그러나 앞서 언급되었듯이 북한의 국영기업은 제대로 된 생산활동을 하지 못하고 있다. 그렇다면 누가 임금 노동자들을 고용할까. 이들은 어떤 사람들일까?

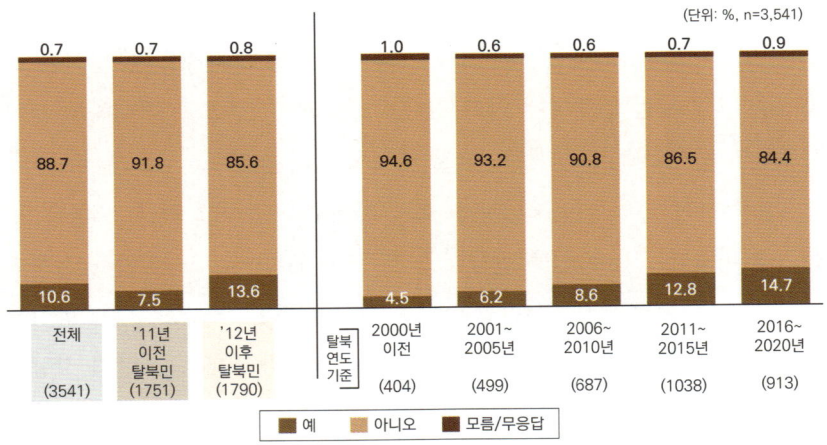

| 사적고용(삯벌이)을 시켜본 경험 유무
*출처: 이우영 외, 『북한 경제사회실태보고서』, (서울: 통일부, 2024), p. 132.

돈주의 탄생

북한의 지방 도시에서 인민무력부 산하 XX무역회사 지사장을 하던 김옥영씨(가명, 50대)는 대표적인 북한의 신흥 자본가(돈주)라 할 수 있다.

옥영씨는 매일 새벽 항구에 들어오는 어선을 통해 가장 신선한 물고기를 좋은 값으로 사들였다. 물고기는 즉시 현장에서 가공되었으며, 10kg 혹은 20kg 단위로 포장된 다음 냉동고로 운반되었다. 시간이 지날수록 물고기의 신선도가 떨어지므로 가공 속도는 상품 판매 가격을 결정하는 중요한 요소였다. 정교하면서도 빠르게 가공하는 노동력을 유지하기 위해 옥영씨는 주변 다른 업자들보다 조금 비싼 품삯을 주었다.

> 돈이 최고에요. 물고기를 좋은 값에 팔아서 외화벌이가 잘 되고, 그러면 우리나라 강성대국 건설에 이바지한다고 백날 말해야 소용없어요. 돈을 더 주면 내가 입 아프게 말하지 않아도 열심히 하니까. 그래서 다른 사람들보다 더 주고 그랬어요. 물고기도 마찬가지예요. 신선도가 중요하기 때문에 품질에 자신 있는 사람들은 알아서 찾아왔어요. 사달라고.

옥영씨는 원래 평범한 주부였다. 남편이 직업군인이었던 그녀는 군인의 아내로 남들과 비슷하게 살았었다. 그러나 남편이 제대할 무렵 고난의 행군이 닥쳤고, 아이 셋을 먹여 살려야 했던 옥영씨는 그 누구보다 돈 버는 데 진심이었다. 지인의 소개로 물고기 가공 일자리를 얻게 된 그녀는 반년 남짓 일하는 동안 물고기 가공 과정과 보관장소, 언제 누구에게 판매되는지 전 과정을 눈여겨보았다. 워낙 경제전문학교를 나와 계산에 밝았던 옥영씨는 책임자를 찾아가 자신에게도 일거리를 달라고 주문했다. 1년만 맡겨주면 자신이 훨씬 더 많은 외화벌이 자금을 조직에 바치겠노라고.

무역회사의 간판과 라이센스를 얻은 그녀는 자신의 집과 가전제품을 담보로 잡히고 사금융에서 돈을 빌렸고, 임금 노동자를 고용해 규모의 경제를 실현했다. 마침 중학생이라 어느 정도 철이 든 딸에게 집안 살림을 떠맡기다시피 한 그녀는 밤잠을 설쳐가며 드센 기질과 추진력으로 자신의 사업을 일으켰다. 때는 1990년대 중반, 기업의 형태로 장사를 진행하는 사람이 많지 않던 시기라 그녀의 물고기 가공 및 유통 사업은 눈부시게 번창했다.

그렇게 돈을 벌어 조직의 신임을 얻고 지사장 자리까지 꿰찬 그녀는 2000년대 중반 건설업으로 눈길을 돌렸다. 시장이 생기면서 많은 돈을 축적해 둔 사람들이 늘어나자 아파트 수요도 함께 증가했다. 시대의 변화를 귀신같이 포착해낸 그녀가 아파트 건설에 뛰어든 이유다. 매일 새벽 아파트 건설장에는 수십 명의 사람이 몰렸다. 일당을 받기 위해 모여든 '일공(日工)'들이다. 당시를 기억하는 사람들은 그녀가 가끔 건설장에 나와 현장을 확인할 때면 마치 당 간부가 나온 것 같다고 말했다. 수많은 사람의 밥줄을 쥐고 있는 실질적인 권력자이니, 인민위원회 위원장보다 더 멋져 보였다고도 회상했다.

옥영 씨처럼 여러 업종에서 다양한 방식으로 사업에 성공한 돈주들이 생겨났고 시장화의 진전과 함께 돈주의 수도 점점 늘었다. 고금리의 사금융을 통해 돈을 번 사람, 신발 생산과 가구 제조로 돈을 번 사람, 석탄과 사금 등 채굴업을 통해 돈을 번 사람, 식품을 만들고 심지어 약까지 제조하여 유통시키는 등 돈주가 된 방법은 천차만별이다. 분명한 건 돈주들이 늘면서 이들이 고용하는 임금 노동자도 증가했다는 사실이다. 임금 노동자의 증가는 단순히 피고용인의 증가만을 의미하지 않는다. 임금 노동자의 증가는 공짜 노동은 없다는 분명한 자기의식의 확립, 자본주의 시장경제시스템의 확산을 동반한다.

빵집 사장님

옥영씨처럼 수십 명을 고용하는 사람도 있지만, 4~5명씩 적은 인원을 꾸준히 고용하는 사람들도 있다. 탈북민 박설미씨(가명, 50대)는 빵을 만들어 팔았다. 중국으로 사사여행을 다녀온 언니가 중국식 빵 기술을 동생에게 전수해주면서 설미씨는 당시 북한에선 맛보기 힘들었던 고급빵을 만들어 팔기 시작했다. 입소문을 타고 주문량이 늘자 설미씨는 사람을 고용했다. 밀가루 반죽을 만드는 사람, "로"라고 부르는 화덕에 빵을 붙이는 사람, 완성된 빵을 식힌 후 포장지에 담는 사람 등 매일 4~5명이 필요했다.

 사사(私事)여행자
: 사적인 용무로 비자를 발급받아 해외로 합법적으로 갈 수 있는 개인으로서, 주로 중국에 친척이 있는 북한 국적의 화교나 그 가족, 친척들이 대상이 됨.

설미씨는 쉬운 일은 아니었다고 설명했다. 품질관리에 신경써야 하는데, 그녀의 눈을 피해 원재료를 슬쩍 훔치는 사람도 있어 감시까지 하려니 너무 많은 사람을 고용하기엔 벅찼다고 했다. 시행착오 끝에 설미씨는 자신이 관리 가능한 고용 인원을 최대 6명으로 한정했고, 고용한 사람들이 시키는 일에 전념할 수 있는 임금수준을 나름대로 정할 수 있었다고 한다. 설미씨의 사례는 분업을 통해 생산성을 높이면서 노동력의 상품화가 이루어지는 전형적인 과정이기도 하다.

제빵 인력에 고용되는 사람들은 대부분 부양 여성이지만 10대의 미성년자들도 자주 고용된다. 딸린 가족이 없어 밀가루, 설탕 등 원자재를 훔칠 우려가 적고, 또 눈썰미가 빨라 일을 잘하기 때문이다. 일부 고아원에서는 관리자들이 미성년자를 노동시장에 활용해 돈벌이를 하기도 한다. 혹자는 미성년자를 활용하는 당사자들을 잔인하다고 평가할 수 있다. 하지만 국가에서 고아원에 충분한 식량을 공급해주지 못하는 상황에서 그렇게라도 돈을 버는 것이 어쩌면 아이들 입장에서도 최악의 상황을 피하는 방법이기도 하다. 적어도 일하는 동안은 빵이라도 먹을 수 있기 때문이다.

| 2022 북한 밀가루 음식 전시회 모습 ⓒ〈연합〉

모셔가는 '전문가'

북한의 노동시장은 형성 초기 공급과잉 시장이었다. 노동력을 사용하려는 사람보다 노동력을 팔고 싶어 하는 사람이 훨씬 많았기 때문이다. 공급과잉 시장이다 보니 정해진 임금이나 보상의 수준도 없이 밥 한 끼 얻어먹는 것에 만족하는 사람도 많았다. 2000년대 이전 노동시장에 참여하는 사람들은 대체로 국수벌이에 만족했다.

그러나 2000년대 이후 위에서 소개한 돈주나 빵집 사장님처럼 시장화의 진전으로 다양한 사기업체가 우후죽순 생겨나고, 북한에 아파트 건설 붐이 일면서 노동력의 수요가 급격히 증가하자 사정은 달라졌다. 아파트 건설은 하루에 끝나는 일이 아니고, 몇 달 혹은 몇 년이 소

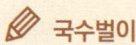 국수벌이

: 국수벌이 혹은 하루벌이는 1990년대 경제위기 시기 북한 사람들이 사용하던 용어로 하루에 국수 한 사리(보통 600~800g)를 현물로 받거나 그에 해당하는 현금을 받고 일하는 것을 의미. 하루벌어 하루 먹고 사는 정도의 수입.

요되기도 한다. 노동자의 건설 현장 경험이 많을수록 숙련도가 올라가 생산성이 높아지게 된다. 자연스럽게 초보자와 경력자의 보상은 달라지게 마련이다.

고급 기술이 필요한 일부 영역에선 기술자를 모셔가려는 고용주들의 경쟁도 생겨났다. 비용 절감보다 품질을 우선하는 부자들을 상대하는 업종일수록 수요자들의 눈높이를 만족시켜 줄 수 있는 최고의 전문가를 두고 신경전을 벌이기도 한다. 주로 고급주택 인테리어 디자이너, 고급 재단사, 해외파 헤어 디자이너 등이 이러한 전문가에 속한다.

> 나를 시다바리로 써 준 사람은 그 도시에서 인테리어가 넘버 원이었어요. 뼈대만 있는 집(주택의 골조만 지어진 상태로 마감 미장을 하기 전 상태), 그니까 전문 새집만 했어요. 살던 집은 뜯어내야지, 쓰레기 처리해야지 좀 귀찮거든요. 그 사람은 잘사는 돈주들 집만 인테리어를 해줬는데, 기억나는 사람 중에 모란상점 지배인이 있어요. 아파트 한 층에 집이 4개인데, 그걸 다 사서 한집으로 쓰려고 꾸리는 거였어요.
>
> 집주인이 인테리어 관련 자재 일체를 중국에서 들여왔고, 중국 잡지를 보면서 이렇게 해주세요, 저렇게 해주세요, 얘기하거든요. 나를 고용한 사람이 워낙 디자인도 세련되고 품질도 좋으니까 그 사람과 인테리어 계약을 하고 싶어 하는 사람이 많았어요. 가격을 높게 부르면 인테리어 해주는 순서가 바뀔 수 있죠.
>
> (2014년 탈북, 남성 30대)

위에 소개된 인테리어업자 남진씨(가명, 40대)는 중국에서 관련 기술을 배워왔다고 한다. 그는 디자인 설계를 전문적으로 하고, 자신과 일할 미장공, 목수, 타일공, 보조 등을 직접 고용해 함께 일했다. 일감이 많은 그와 일하고 싶어 하는 기능공들이 많다 보니 남진씨는 솜씨 좋은 사람들

| 2014년 당시 김책공대 아파트의 내부 모습 ⓒ〈연합〉

을 골라서 선발했다. 남진씨처럼 일부 영역에서 수요가 높은 경험과 기술을 보유한 경우엔 집주인들과 가격협상에서 유리하다.

여전히 북한의 노동시장은 절대적인 수요자 우위 시장이지만, 남진씨 사례처럼 피고용인이 협상력을 발휘할 수 있는 특정 분야도 존재한다. 북한의 노동시장이 형성 초기에 비해 양적·질적으로 성장해왔으므로 가능한 일이다. 국수 한 사리에 만족했던 일당(日當)도 지금은 하루 벌어 최소 2~3일 먹을 수 있을 정도로 상승했다.

3
노동력 중개인: 누가 유휴노동력을 잘 아나?

우리동네 '인력데꼬'

북한에서 인민반장(우리나라의 통장(統長)과 비슷한 직책)은 행정의 가장 말단직이지만, 그 역할은 점점 강화되고 있다. 각종 행정사무 처리는 물론 인민반의 질서 유지와 사람들의 민심 등을 종합적으로 관리하는 중요한 임무를 맡고 있기 때문이다. 공장과 기업이 정상적으로 가동되던 시기엔 대부분의 인력관리가 직장을 통해 이루어졌다. 그러나 지금은 8.3노동자의 증가로 사람들이 무슨 일을 하는지 파악하기 힘들어지면서 인민반이 인력관리의 거점 역할을 도맡았다.

인민반장은 수도요금, 전기요금 등 각종 생활 요금을 징수하기 위해 정기적으로 각 세대를 방문한다. 또한 숙박 대장을 통해 외부인이 등록 없이 숙박하지 않는지 확인하고, 비사회주의적인 요소도 감시한다. 각종 국가대상건설 및 인민군대 지원사업과 노력 동원도 인민반을 통해 진행되는 경우가 많다.

> 우리 동네선 인민반 생활을 안 하려면 1년에 300위안을 주면 아무 말 없어요. 그리고 여맹에 250위안, 다 합쳐서 1년에 550위안을 내면 기본적으로 해결이 돼요. 그럼 나머진 인민반장이 알아서 다 조절해줘요. 그 돈을 받고 일부는 자기가 좀 떼먹고, 나머지는 필요할 때마다 인민반에 남아도는 노동력을 활용할 때 사용하는 거죠. 인민반장은 누구 집에 누가 놀고 있고, 노동력으로 활용할 사람이 어느 정돈지 대충 다 알아요. 그래서 반나절이나 한두 시간 사람이 필요할 때도 인민반장을 통해 알아보면 빨라요.
> (2018년 탈북, 여성 30대)

농담반, 진담반으로, 인민반장은 세대별 숟가락 개수까지 훤히 꿰뚫고 있다고 한다. 그만큼 거주지에서 인민반장의 시야를 벗어나는 건 쉽지 않다. 인민반장은 노동시장 중개인의 역할도 훌륭히 수행한다. 북한 당국은 인민반장에게 먹고 살 수 있는 경제적인 보상을 해주지는 않지만 충분한 권력을 주었다. 그 권력을 활용해 국가의 각종 과제를 할당받아 수행하면서 동시에 자신의 경제적 이득을 챙길 기회도 생기는 것이다.

인민반장의 여러 수입 채널 중 하나가 바로 노동력 중개다. 인민반 내 일할 수 있는 노동력을 잘 알다 보니 노동력이 필요한 사람은 자연스럽게 인민반장에게 물어본다. 더욱이 최근에는 휴대전화 사용자가 늘면서 의사소통도 수월해졌다. 예전에는 일일이 사람을 찾아가 물어봤지만, 지금은 전화 한 통으로 필요한 노동력의 유무를 확인할 수 있다.

인민반장은 노동력 중개를 통해 수수료를 챙기고, 또한 인민반 사람이 벌이가 좋아져서 국가에서 바치라는 경제적인 과제들을 잘 내준다면 그야말로 일석이조인 셈이다. 고용주는 생판 모르는 사람보다 인민반장이 알려주는 프로필을 통해 고용 여부를 결정하는데 도움을 받을 수 있고, 피고용인 역시 인민반장을 통해 일자리를 구하면 안전원과의 관계까지 정리해주니 나쁘지 않다. 안전원은 또 안전원대로 인민반장을 통해 누가 어디서 무슨 일을 하는지 정확히 파악할 수 있어 좋다.

노동력 중개 수수료, 안전원에게 주는 뇌물 같은 경제적인 부담은 온전히 고용주와 피고용인의 몫이지만, 노동시장이 불법인 북한에서는 이러한 방법도 나름 합리적이라 할 수 있다. 적지 않은 인민반장들이 자연스럽게 동네 인력데꼬가 되었다. '데꼬'는 중개인을 이르는 북한말이다. 정확한 유래는 알 수 없으나, 일본어 '데꼬'(てこ, 도와주는 사람)를 차용했을 가능성이 높다.

'노동과장'의 노동력 중개

북한에서 노동력 중개는 크게 두 가지 방법으로 이루어진다. 앞서 언급된 인민반장과 같은 중개인에 의한 중개, 그리고 장소 그 자체로서의 중개이다. 서두에서 언급했던 평양의 개선문 옆 공터도 장소로서 수요자와 공급자를 중개한다. 지방에서 장소로서의 중개 역할은 주로 역, 시장, 지역의 랜드마크 등의 공간들이 맡는다.

> 인력이 필요할 때 역전에 가면 제일 빨라요. 거기 가면 일할 사람이 널려 있거든요. 기본적으로 구루마꾼들이 많은데 구루마 없이 맨몸으로 서 있는 사람들도 많아요. 그리고 장마당 정문이나 후문 쪽에 가도 사람들이 많아요.
> (2019년 탈북, 여성 20대)

일반적으로 중개가 필요한 이유는 정보의 비대칭성과 거래비용의 관점에서 설명할 수 있다. 노동시장 참여자가 자신에게 필요한 상대를 찾기 위해서는 시간을 들여 사람을 만나고 정보를 탐색해야 한다. 중개 장소, 중개인은 구인 혹은 구직자가 들여야 하는 이러한 시간과 노력을 줄여준다. 인민반장이 주로 단기 노동시장을 중심으로 인력을 중개한다면 조금 더 긴 호흡으로 노동력을 중개하는 사람이 있다. 바로 지역의 노동과(처)장이다.

지역 인민위원회 소속인 노동과는 북한의 노동정책에 따라 노동계획을 집행하는 실질적인 실무부처다. 고등학교 졸업생부터 직장인의 이직에 이르기까지 사람들의 직업 배치는 노동과의 '노력파견장'을 통해 이루어진다. 단, 대학졸업생의 경우 당 소속인 간부과에서 직업을 배치한다. 쉽게 얘기해 북한의 모든 노동력은 노동과와 간부과에서 장악하고 관리한다.

이처럼 북한 노동계획 시스템의 핵심 부처인 노동과 역시 인민반장과 마찬가지로 노동시장에 중개인으로 참여한다. 물론 스스로 의식하고 참여하는 것은 아니다. 노동계획과 노동시장 사이에서 나름의 절충안을 찾다보니 어느새 중개인의 역할도 하게 된 것이다.

노동과 업무 중의 중요한 하나가 바로 무직자 관리다. 이직으로 단기 무직이거나, 아니면 적당한 배치지를 찾지 못했거나, 배치지가 마음에 들지 않아 당사자가 '뻗치기'(무작정 아무것도 안하는 상태)하는 경우에 무직자가 발생한다. 예전에는 이러한 무직자가 생기면 하루라도 빨리 직장에 자리잡을 수 있도록 전력을 다했지만, 지금은 사정이 달라졌다. 노동력을 필요로 하는 곳이 많아지다 보니 그들도 노동력을 활용해 돈벌이할 방법을 모색한 것이다.

노동과는 소위 '먹을 알 있는 직업'(뇌물이나 개인의 경제적 이득을 많이 챙길 수 있는 직업)으로 인기가 많은 곳이다. 그러나 옛날에 비하면 다소 위신이 떨어졌다고 할 수 있다. 뇌물을 많이 주고서라도 좋은 직장에 가기를 원하던 사람들이 지금은 그럴 필요가 없어졌기 때문이다. 여전히 '먹을알' 있는 공식 직업이 있기는 하나, 뇌물을 주고 힘들게 들어가느니 차라리 노동시장에서 더 좋은 일자리를 찾는 게 나을 수도 있다. 그렇다 보니 노동과도 시장을 활용할 필요성이 생겼다.

노동과는 무직자들과 관내 공장, 기업소의 유휴노동력을 파악하고 있다가 기업소 간, 혹은 기관 간 인력을 중개해준다. 특히 기업소별로 할당되는 국가대상건설 파견 노동력의 경우 노동과에 집합시켜 보내진다. 그런데 기업소는 최소한의 생산 인원만 빼고 나머지는 8.3노동자로 전환하다 보니 정작 동원 시킬 노동력이 부족한 경우가 많다. 설사 동원인력이 있다고 해도 본인이 가기 싫다고 뻗치기를 하거나, 돈으로 대신할 때도 적지 않다. 그러면 노동과는 해당 기업소에 할당된 인원만큼 돈으로 환산해 받는다. TV에서는 스스로 자원한 듯이 보도되지만, 실상은 '탄원'으로 포장

| 2023 평양시 청년들, 대건설현장에 탄원 ⓒ〈연합〉

된 강제 동원이다.

　기업소로부터 일인당 30만 원씩 계산해 받은 노동과는 관리하고 있는 무직자나 유휴 노동력들에게 20만 원씩 주고 국가대상건설에 동원 시킨다. 중간에서 착복한 돈은 노동과에 필요한 사회적 과제를 수행하거나 개인의 사리사욕을 채우는 데 사용한다. 기업도, 노동과도, 무직자도 나쁘지 않은 거래다.

　이처럼 북한의 노동력 중개에서 중요한 역할을 하는 사람들은 국가의 노동계획을 일선에서 집행하는 실무자들이다. 국가의 식량 및 생필품 공급이 끊긴 상황에서 그들도 주어진 권력을 활용해 시장에서 경제적인 소득을 얻지 못하면 살아가기 어렵다. 북한 당국은 노동시장을 인정하지 않지만, 아이러니하게도 노동시장은 노동계획이라는 허상을 지탱해주는 주요 버팀목이다.

4
북한식 수공업 단지: 그물마을, 초물마을, 마광기마을

북한에서 협동단체는 주로 농업, 수산업 부문의 근로자들이 집단소유 형태로 재산과 생산물을 관리·운영하는 단체다. 소유 측면에서 형식적인 구분은 있으나 국가계획이 할당되고, 국가의 지도통제를 받는다는 면에서 사실상 국유단체와 다를 바 없다. 김정은 집권 이후 부쩍 늘어난 그물마을, 초물마을, 마광기마을 등은 국가의 공식적인 협동단체는 아니나 사실상 협동단체와 같이 모두가 협심하여 동일한 생산물을 만든다. 일한 만큼 돈을 받으니 '자본주의 협동단체'라 해도 손색이 없을 것 같다.

그물, 초물, 광물 등 노동의 대상은 마을마다 다르지만, 마을의 생산물은 나름 지역의 지리적 조건과 인구학적 특성이 고려된 결과라고 볼 수 있다. 마을 상당수가 참여하는 일의 특성은 대량 생산을 필요로 하는 생산물들이다. '초물마을'은 초물공예를 만드는 데 필요한 재료를 중국으로부터 수입해야 하므로 국경지역 주변에 많이 형성되어 있고, '그물마을'은 그물이 필요한 바닷가 주변 어촌들이다. 또 '마광기마을'은 금광이 채굴되는 산과 가까운 지역에 만들어지는 식이다.

> 2000년대 중반까지는 대체로 사람들이 직접 그물을 떴다. 그런데 2011년 이후부터는 중국에서 그물이 엄청 많이 들어왔다. 그때부터는 그물을 가공하는 일로 바뀌었다. 그물만 있으면 되는 게 아니고 그물에 떼, 벼리, 연등을 달아서 규격별로 완제품을 만들어야 한다. 2010년 이전에는 그물을 손으로 떴다면, 2011년 이후부터는 일종의 그물 조립이라고 할 수 있겠다. 한 마을이 하나의 커다란 공장처럼 몽땅 수공업을 하는 거다.
>
> (2014년 탈북, 남성 20대)

남철씨(가명)는 그물 도매상이었다. 처음 시작할 때는 자금이 부족해 어머니의 보증으로 절반 정도의 물량을 외상을 받았다. 그렇게 돈으로 산 그물과 외상으로 받은 그물을 싣고 다른 지역으로 가져가 판매한 다음 돌아와 외상값을 갚았다. 물고기마다 철이 다르고 또 많이 잡히는 지역이 달라 시기별로 판매처가 유동적이었다고 한다. 계절과 잡히는 어종에 따라 그물 크기도 달랐다.

남철씨는 수십 명이 만든 그물을 구매하지만, 거래는 반장 한 사람이면 충분했다. 대체로 마을에서 리더십이 있고 신망이 두터운 사람이 맡아 하는데, 그 사람과 가격을 흥정한다. 뿐만 아니라 제품 물량이나 품질 등 구체적인 요구사항을 말하면 알아서 관리·감독해주니 정말 편했다고 했다.

초물마을에서는 다양한 초물공예에 사용되는 재료를 가공해 모자, 가방 등 초물제품을 만든다. 중국에서 재료가 들어오는데 큰 갈대같이 생긴 풀을 사용한다고 했다. 각자의 집에서 손으로 직접 작업하는 초물작업은 일하는 시간이 따로 정해져 있지 않고 시간 날 때마다 틈틈이 작업해도 된다는 장점이 있다. 대신 초물작업의 품삯은 야외에서 힘쓰는 일보다 낮은 편이다.

> 중국에서 초물모자. 구슬꿰기, 눈초리(속눈썹) 이런게 유행해가지고 재료가 많이 들어왔어요. 우리 동네 조금 어려운 사람들은 다 그런거 해서 먹고 살았어요. 아무 집에 들어가도 그런 거 쉽게 볼 수 있을 정도로. 근데 그거 하는 거 가격이 싸요. 초물모자도 하루종일 만들어서 쌀 1.8kg을 받더라고요.
>
> (2019년 탈북, 여성 30대)

영란씨(가명)는 초물공예 등을 하는 사람들은 대체로 소득수준이 낮은 사람들이라고 평가했다. '눈 돌아가는 사람'들은 마약 같은 거를 해서 먹고 살지 힘들게 몸쓰는 일을 선호하지 않는다고 주장했다.

> 락산이라는 곳에 갔었는데, 그곳 사람들은 아마 마라손(마라톤)을 하면 다들 일등할꺼에요. 거기 여자들은 다리도 길고 아주 튼튼해요. 어렸을 때부터 마광기를 돌리니까. 나도 나름 튼튼한 편이라고 생각했는데, 30분에 한 번씩 쉬면서 이틀하고 두 손 들었어요. 도저히 못 하겠더라고요. 이틀 만에 엉덩이 피부가 벗겨져 빨갛게 됐는데, 내가 이러다 원숭이 되겠구나. 이런 생각이 들더라니까.
>
> (2019년 탈북, 여성 40대)

진희씨(가명)는 마광기를 돌리면 10분에 2천원 씩 준다는 말에 솔깃해 락산이라는 고장을 찾아갔다. 락산은 청진과 라진 사이에 있는 작은 마을이다. 진희씨가 잠시 머물렀던 락산에 사는 사람들의 주 수입원은 마광기를 돌리는 일이다. 마광기는 광석을 부수는 재래식 기계라고 했다. 전기가 부족해 사람의 다리가 동력을 대신하는 셈이다. 진희씨가 고작 이틀 만에 일을 그만두었으니 마광기 돌리는 일이 얼마나 힘들지 짐작할 수 있다. 그런 일을 대부분 여성들이 도맡아 한다고 했다. 남자들은 광석을 캐고 나르는 일을 한다.

그물마을, 초물마을, 마광기마을 등 북한식 수공업 단지의 특성을 보면 임금 수준이 낮은 것으로 보인다. 이는 다른 선택지가 부족하다는 뜻이기도 하다. 장사 혹은 사업하기에 적합하지 않은 지역도 있게 마련이다. 그럼에도 불구하고 마을 전체가 규모의 경제를 추구하고 있는 모습은 경제적 혹은 사회적 입지의 한계를 극복하려는 북한 주민들의 생활의지를 보여준다.

5
통제와 활용: 당국의 공식 통제와 비공식 활용

북한 체제는 노동력의 거래를 거부한다. 국가가 표방하는 '사회주의'의 정체성 자체가 자본가 계급의 착취와 이를 반대하여 전 세계 노동계급의 단결을 부르짖은 마르크스에 그 뿌리를 두고 있기 때문이다. 따라서 북한은 공공연한 노동시장의 존재에도 불구하고 임노동자의 출현을 인정하지 않는다. 제도적 성격과 현실 사이의 모순을 대다수 노동자, 농민들이 오롯이 감당하고 있는 셈이다.

북한에는 이른바 3대 통제인 양정통제, 재정통제, 노동통제가 있다. 이 가운데 북한이 체제 수호를 위한 마지노선으로 생각하고 있는 것이 바로 노동의 통제이다. 식량 공급이 끊기고 국정 가격으로 지급되는 노임이 유명무실해진 상황에서 노동통제는 당국이 주민들을 감시하고 통제할 수 있는 유일한 명분이기도 하다. 그러나 당국도 마냥 통제만 할 수 있는 게 아니고, 또 통제를 집행하는 당사자들도 일부를 제외하고 대부분 비슷한 환경에서 먹고 살아가야 하는 또 다른 북한 주민이기도 하다.

앞서 언급되었듯이 일반적으로 노동시장에서 공급자는 수요자보다 불리한 위치다. 따라서 국가는 노동정책과 노동시장 규제를 통해 노동자를 보호한다. 그러나 불법으로 취급되는 북한의 노동시장은 국가의 보호는커녕 통제와 압박의 대상이 되어 불이익을 당한다. 아래의 표는 북한의 경찰청이라 할 수 있는 인민보안성(현재 사회안전성) 내부 자료에 소개된 사례다. 방직공장 퇴수구에서 나오는 폐설물을 활용해 상품을 만들었다면, 자원도 아끼고 환경에도 좋고 오히려 칭찬받아야 할 것이다. 그러나 북한은 가정주부의 노동력 활용을 '로력착취'로 규정하고 노동단련형이라는 엄벌에 처한다.

〈북한 '인민보안성 일꾼 참고서'에 소개된 노동시장 통제사례〉

정황127
무직자 리용세는 방직공장 퇴수구에서 나온 노란색감의 굳어진 연료덩어리를 주어다가 3명의 가정부인들을 비법적으로 채용하여 그들에게 자기 집창고에서 망질하여 보드랍게 가루내게 한 다음 그것을 빨간색 진흙과 일정한 비율로 혼합하여 봉지나 병에 넣어 구역직매점이나 시장에 내다 팔게 하였다. 그리고는 그들에게 매달 1만원씩의 돈을 주고 자기는 일하지 않으면서 매달 20만원씩의 폭리를 보았다.
이러한 행위를 범죄로 보아야 하는가.

[해답]
리용세의 행위를 형법 제119조 로력착취죄와 속여가진죄를 처벌하여야 한다. 공화국형법 제199조에는 비법적으로 돈 또는 물건을 주고 개인에게 일을 시킨 자에게 2년 이하의 로동단련형에 처하며 정상이 무거운 경우 3년 이하의 로동교화형에 처하게 되어있다.
이 범죄는 돈 또는 물건을 주고 식모 또는 아이보기, 빨래 같은 것을 시키거나 부대기 농사와 식당, 양복점 같은 것을 운영하면서 로력을 채용하여 쓰고 리득액의 일부만 주는 방법으로 대량의 리득을 본 것 같은 로력착취행위를 수십차례에 걸쳐 하였거나 상습적으로 한 경우에 해당된다.
리용세의 행위가 이 죄로 되는 것은 비법적으로 로력을 채용하여 일을 시키면서 로력을 착취하여 대량의 리득을 보았기 때문이다.

*출처: 북한 인민보안성출판사, 2009

위의 사례에서 볼 수 있는 것처럼 북한은 노동시장을 불법의 영역으로 취급하지만, 노동시장이 엄연하게 존재하고 있음을 간접적으로 인정하고 있다. "당에서 정책을 내놓으면 우리는 대책이 있다"는 북한말이 있다. 당국과 주민들 사이, 계획과 시장 사이의 관계를 잘 보여주는 말이다. 어떤 것을 못하게 억제하기 위해서는 대안이 있어야 한다. 그런데 북한에서는 노동시장에서 노동력을 파는 것 외엔 다른 대체적인 생계 수단을 가지기 어려운 사람이 부지기수다. 통제하고 억압한다고 해서 해결될 문제가 아니라는 얘기다.

당국도 잘 알고 있다. 그래서 큰 사회적인 물의를 일으키지 않는다면 모른척 할 때가 많다. 당국의 정책을 관철하는 집행자의 가족들도 시장에 참여하지 않으면 살아갈 수 없기 때문이다. 개인적 차원을 넘어 조직적 차원에서 노동시장을 활용하는 사례도 적지 않다. 대표적으로 김정은을 '모시는' 국가대상건설의 공사기일을 맞추는 일이다. 경제적인 이득 없이 국가대상건설에 억지로 동원된 사람들의 노동생산성이 높을 리가 없다. 태만과 의도적인 지연을 반복하며 할당된 기간만 채우자는 식으로 일한다.

> 노력동원 현장에 가보면, 고정인원 빼고 다 돈에 팔려 온 사람들이에요. 고정인원은 대대장, 정치지도원, 재정참모, 안전원 같은 사람들이에요.
>
> …
>
> 기술인력들은 주로 조(team) 단위로 계약을 체결해요. 예를 들어 한 세대 미장하는데 혹은 한 개층, 한 개동 짓는데 얼마, 이렇게 계약을 해요. 보통 말로 계약을 체결하는데, 완성까지 걸리는 기한, 질, 완성했을 때 전체 금액 등을 포함해요. 노동력은 자체로 얼마를 투입하든 상관하지 않아요. 마감 기한만 맞추면 되니까.
>
> 그런데 이렇게 계약을 해도 기관들에서 돈을 안주는 경우가 많아서 눈치를 봐요. 선불을 받고 작업에 착수하면 주야간 가리지 않고 교대제로 열심히 일해서 기한을 맞추거든요. 근데 말만 하고 돈을 줄 기미가 보이지 않으면 중앙당 일꾼이 뭐라 해도 안 해요.
>
> (2019년 탈북, 남성 40대)

성진(가명)씨가 장기간 동원되었던 국가대상건설은 삼지연지구였다. 김정은이 직접 여러 번 방문해 진행 상황을 확인할만큼 매우 중요한 국가 중점사업 중 하나였다. 간부들의 입장에서 "목숨줄을 부지하기 위해서"는 김정은의 방문 일정이 있을 때마다 지도자가 기대하는 양과 질을 보장해야만 한다. 그런데 대부분 돈을 받고 대타를 왔다거나, 억지로 끌려온 사람들이다보니 노동생산성은 대체로 낮다.

특히 마감 미장과 같은 기술자, 고숙련자가 필요한 부분은 시장가격의 임금을 주고 노동력을 고용해야만 기대만큼의 결과를 만들 수 있다. 결국 공사 책임자는 하부단위에서 돈을 거두어 그 돈으로 조(team) 단위로 움직이는 기술인력들과 계약을 맺어 문제를 해결한다.

이처럼 북한 노동시장은 불법의 영역임에도 불구하고 당국의 철저한 억압에서 벗어난 상태로 보인다. 오히려 당국이 일정 부분 활용하고 있다. 다만, 노동시장을 대하는 당국의 태도변화는 주도적이고 능동적인 정책 변화가 아니라 현실 대응 차원에서의 수동적인 미봉책이라고 할 수 있다. 노동시장에 대한 당국의 억압적인 태도는 앞으로도 언제든지 발현될 수 있다. 그러나 그 억압은 방임과 활용을 포함하는 제한적인 억압일 것이다.

V

금융의 변화

최재헌

북한에도 우리나라와 같이 동네마다 은행들이 있고, 금융이라는 것이 있을까? 아직도 모든 생산과 분배가 국가에 의해 이루어지는 '사회주의 계획경제'체제를 유지하고 있는 북한에서는 중앙은행이 모든 금융 관련 업무를 담당하는 '단일은행제도(mono-banking system)'를 가지고 있다. 즉, 북한의 중앙은행인 조선중앙은행이 은행권을 발행하고, 통화량을 조절하는 등 고유의 업무 외에도 예금, 대출업무 등 상업은행이 담당하는 업무도 함께 하고 있다.

또한 국가가 관리하는 공장이나 기업소의 생산과 운영에 필요한 자금은 모두 중앙은행을 통하여서만 공급한다('유일적 자금공급체계'). 이와 함께 은행은 공장, 기업소 간에 원료나 생산제품 대금을 지급하면서 발생하는 돈(북한 원화)의 움직임을 통해서 경영활동을 감시하고 있다('원에 의한 통제'). 따라서 보다 쉽게 돈의 흐름을 알 수 있도록 현금거래가 아닌 은행계좌를 통한 '무현금 거래'를 원칙으로 한다.

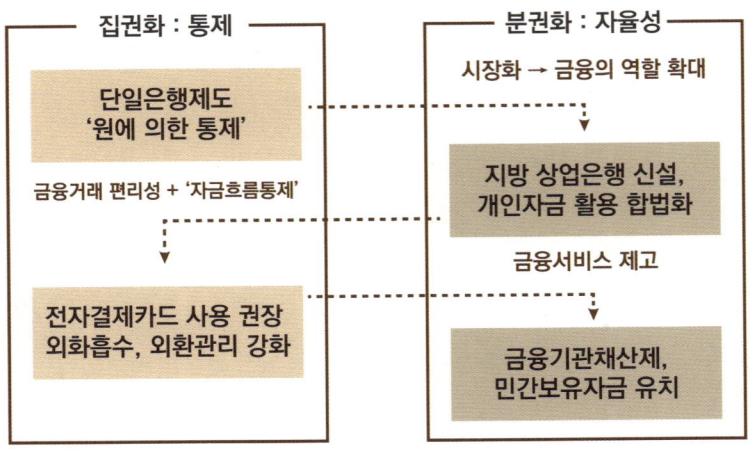

| 김정은 시대, 북한 금융의 변화 *출처 : 필자 작성.

    1990년대 이후 북한경제 상황이 나빠지고, 장마당을 중심으로 한 시장거래가 늘어나면서 기존의 사회주의 금융제도의 기초들이 흔들리기 시작하였다. 먼저 시장에서 개인 간의 거래가 증가하면서 시중에 유통되는 현금이 늘어나게 되었다.

    기존에 기업소 간의 자금 결제는 모두 은행 계좌에서 숫자로만 처리(무현금거래) 되어 자금흐름을 확인하고 통제하기 쉬웠다. 하지만 현금은 꼬리표가 없으니 어디에서 어디로 흘러 다니고 있는지 알 수 없게 된 것이다. 이에 따라 북한 당국은 최근 전자결제카드를 사용하고, 전자상거래를 이용하도록 권장하고 있는데 이는 간접적으로 돈의 행방을 찾을 수 있는 대안이 될 수 있다.

    아울러 중국 등으로부터 무역을 통해 물자를 수입해서 시장에서 거래하기 위해 달러, 위안화 등의 외화 사용이 급격히 증가하면서 북한 주민들이 이러한 외국통화를 더 좋아하는 '달러라이제이션' 현상이 나타나고 있다. 이는 과거 화폐개혁을 갑작스럽게 진행하였고, 이후의 물가 급등과 함께 북한 원화가치가 폭락했던 경험과 관련이 있다.

김정은 정권 말기인 2009년에 실시된 화폐개혁은 주민들이 가지고 있는 돈 중에서 10만 원에 한해서만 100:1로 바꿔주고 나머지 돈은 모두 은행에 보관하도록 강제하였다. 이는 주민들이 애써 모아서 집에 모아둔 돈을 하루 아침에 모두 빼앗기게 된 것이다. 이로 인해 자국 화폐인 북한 원화에 대한 신뢰도가 바닥으로 떨어지게 되었다.

한편, 김정은 집권 이후 북한은 중앙은행 도(道) 총 지점을 상업은행으로 바꾸면서 '지방'을 단위로 하는 '이원적 은행제도(two-tier banking system)'로 변화되었고, 은행 관련 법을 바꾸어 상업은행의 업무 범위를 서서히 확대하였다. 또한 은행은 주민에게서 예금을 받아들여 기업소, 공장들이 필요로 하는 자금을 공급하는 '자금중개기능'을 제대로 하도록 하고, 금융기관이 스스로 벌어들인 수입으로 운영하도록 하는 '금융기관채산제'가 강조되고 있다.

북한이탈주민들을 대상으로 사금융을 경험한 적이 있는지 여부를 묻는 설문조사 결과에 따르면, 북한에서 개인으로부터 사적으로 돈을 빌린 경험이 있는 사람은 전체 응답자 중 32.0%였다. 김정은 집권 이전과 이후를 비교하면 2011년 이전 탈북한 응답자 중 사적 대부 경험자 비율은 31.3%였고, 2012년 이후 탈북한 응답자의 경우 32.8%로 나타났다(통일부, 2024).

이와 같이 생활 형편이 어려운 북한 주민들을 대상으로 한 고금리 사금융이 번창하고 있다. 주민들이 급하게 돈이 필요한 경우에는 시장화를 통해 자본을 축적한 돈주 등이 운영하는 높은 금리의 사금융을 이용할 수밖에 없고, 이로 인해 조직 폭력, 인신매매 등의 다양한 사회문제가 생기고 있는 실정이다.

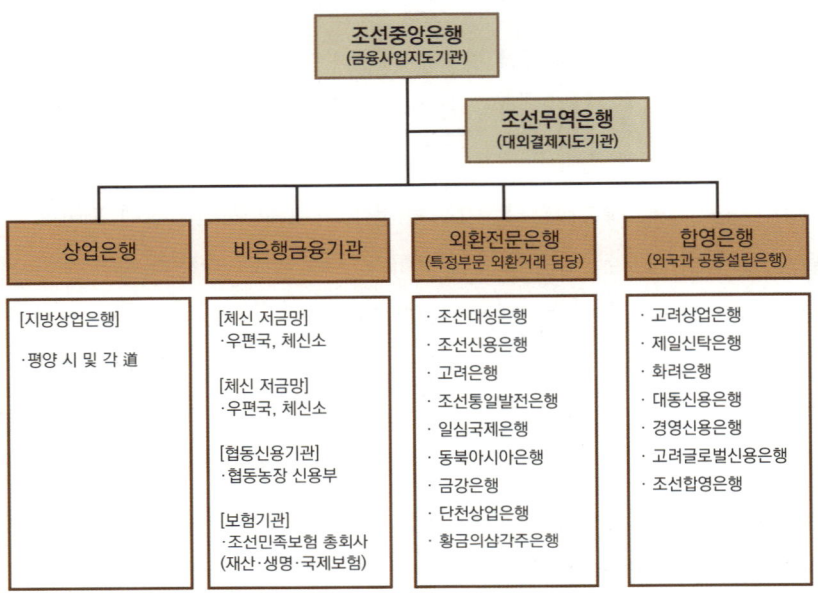

| 북한의 금융기관 *출처 : 필자 작성

　　북한의 금융기관은 중앙은행, 특수은행, 상업은행, 외국투자은행 등으로 이루어진다. 먼저 조선중앙은행은 은행권 발행, 통화량 조절, 국고 및 외환관리와 함께 금융기관에 대한 관리·감독을 한다. 특수은행인 조선무역은행은 대외무역 결제, 외화대출, 북한주재 해외공관 금융서비스 등을 담당하고 있다. 북한의 상업은행에는 지역상업은행, 외환전문은행, 외국투자은행 등이 있다. 지역 상업은행에는 평양시 및 각 도(道)에 총 12개의 은행들이 있으며, 외국 투자은행에는 합영은행, 외국인은행, 외국은행지점 등이 있다.

1
현금 증가: 시장거래로 늘어나는 현금

무현금거래 원칙의 퇴색

북한이 아직도 유지하고 있는 사회주의 계획경제에서는 물건뿐만 아니라 돈도 꼬리표가 있어서 개인이 살짝 빼돌리거나 하기 어려웠는데, 이는 현금이 시중에 유통되는 것을 허용하지 않았기 때문이다. 대부분의 기업소와 공장에서는 물품 거래에 따른 결제를 모두 은행 계좌에서 숫자로만 처리(무현금거래)하였고, 노동자들도 생활에 필요한 쌀이나 생활용품을 대부분 배급으로 받았으니 현금이 그렇게 많이 필요하지도 않았다.

그런데 1990년대 구 소련이 무너진 이후에 북한의 경제사정이 더욱 나빠지면서 공장을 돌리고 기업소를 운영하기 어려워졌다. 이에 따라 일반 주민들 앞으로 식량 등의 배급도 잘 안 나오니 북한 주민들은 장마당, 시장에서 장사를 해서 먹고살 수밖에 없게 되었다. 이런 딱한 상황이 되니 주민들이 시장에서 물품을 거래하면서 현금을 주고받을 수밖에 없게 된 것이다.

최근의 북한실태 연구에 따르면 장마당으로부터 시작된 시장거래가 늘어나면서 시중에 유통되는 화폐량이 30억불 수준이 될 것이라고 추정하고 있다 (홍민 외, 2018). 이는 한국은행에서 계산해 본 북한의 국민총소득(GNI)이 300억불 수준이니 적지 않은 금액이라고 볼 수 있다. 이와 같이 북한 내부에서 시장이 늘어나고, 주민간의 거래가 증가하면서 민간에서 움직이는 돈이 많아지고 있는 것이다. 이에 따라 북한 당국은 주민들이 보유하는 잠자고 있는 돈인 유휴화폐를 활용하는 것이 중요하다는 것을 알고, 김정은 집권 이후에 금융 부문에서 개혁적인 조치를 취하고 있는 것으로 보인다.

시장화로 인한 현금거래 증가

홍민 외(2016)의 연구 결과에 따르면, 북한 내의 공식적인 종합시장의 숫자만도 400여 개를 상회하고 있다고 한다. 이와 같이 시장거래가 늘어나고 현금 유통량이 많아지면서 국영상점을 통해서 국고로 들어오는 현금이 줄어들고, 자금순환 흐름에서 벗어나는 돈들이 증가하고 있다.

즉 기업소가 노동의 대가로 지급한 임금(돈)을 주민들이 국가가 운영하는 상점 등에서 사용함으로써 국가가 다시 회수하는 정상적인 돈의 흐름('현금유통구조') 이외에 주민들이 생활에 필요한 물건들을 장마당 등 시장을 통해 구입함으로 인해 시장을 통한 새로운 돈의 흐름이 늘어났기 때문이다.

이것은 북한 경제 악화로 인한 상품 생산의 차질도 있겠지만 무역을 통해 시장으로 유입된 각종 생활용품의 구입과 위생·수선·가공·배달 등의 다양한 서비스업이 늘어나고 있는 북한의 현실이 반영된 결과라고도 볼

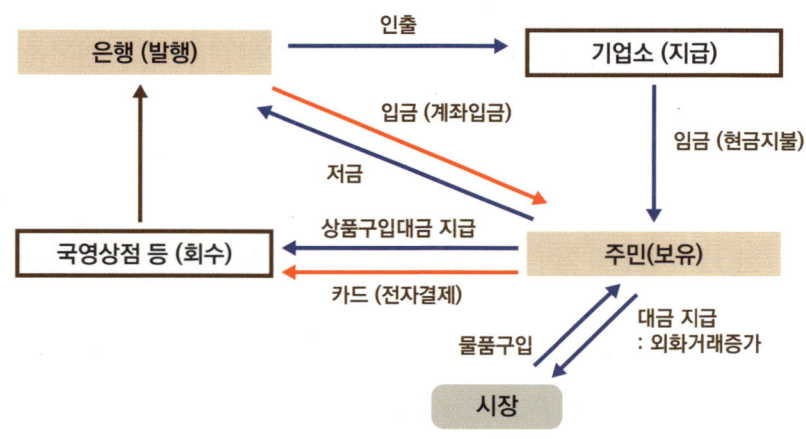

| 북한의 현금 유통구조 *출처: 필자 작성

수 있다. 이와 같이 중앙은행으로 돌아오지 않고, 자금순환 흐름에서 벗어나는 돈이 많아질수록 이를 보충하기 위해서 또 다시 화폐를 발행하는 추가적인 비용이 발생하게 되는 악순환이 생긴다.

최근 북한 일부 지역의 지방은행들에서는 지역의 공장, 기업소를 찾아가서 노동자들로 하여금 의무적으로 은행계좌를 개설하고, 반강제적으로 이 계좌와 연결된 카드를 발급하도록 하고 있다고 한다(Daily NK, 2024.7.19). 이와 함께 공장, 기업소에서 노동자들에게 지급하는 임금을 기존에는 현금으로 지급하였으나, 이제는 노동자의 은행 계좌로 직접 입금하는 경우가 늘어나고 있다는 것이다. 이는 노동자들이 생활 물품을 국영상점 등에서 구입할 때, 직불카드를 사용하게하고, 동 금액이 카드발급 은행 계좌에서 지불되도록 함으로써 현금 사용량을 줄이고, 돈의 흐름을 보다 쉽게 파악할 수 있도록 한 것으로 보인다.

2. 돈의 행방 찾기: 전자결제카드 사용 권장

현금거래에서 전자결제로

위에서 본 것처럼 행방을 찾기 어려운 현금이 늘어나면서 북한에서도 시장에서 장사 등을 통해 돈을 많이 번 '돈주'라는 신흥 자본가가 많이 생겨나고 있다. 이렇게 돈의 흐름을 파악하기 어려워지면 사회 통제가 어려워지고 많은 부작용들이 발생할 수 있다. 이를 막기 위해서 북한 당국이 2015년 이후에 꺼내든 대안이 바로 전자결제카드를 사용하도록 권장하고 있는 것이다. 사용자 입장에서도 현금거래가 늘어나면서 많은 현금을 무겁

게 들고 다니지 않고 전자결제카드를 쓰면 편리한 면도 있다.

그런데 카드를 쓰면 내역이 고스란히 기록으로 남게 되어 누가 돈을 잘 벌어서 쓰고, 또 누구와 거래를 하는지 쉽게 알 수 있다. 이렇게 되면 세금을 걷을 때도 증거 자료가 될 수도 있고, 사람들을 감시하는데도 많은 도움이 될 수 있는 것이다. 한마디로 북한 당국의 입장에서 볼 때 전자결제카드 사용은 현금거래를 원활하게 하는 동시에 돈의 행방도 찾을 수 있게 되어 꿩 먹고 알 먹을 수 있는 기막힌 방안이라고 할 수 있다.

북한은 약 600만 명의 스마트폰 가입자를 보유하고 있으며, 실제 사용자수는 450만명 수준인 것으로 알려져 있다. 특히 평양·나선 등 대도시에 거주하는 20대에서 50대까지의 장년층 휴대전화 가입율은 70%를 상회할 것으로 추정된다. 이에 따라 북한 당국은 스마트폰과 연계된 모바일용 전자결제 체계인 '울림 2.0'을 개발하여 전자상거래를 늘리고 있는 것으로 전해지고 있다.

동 애플리케이션에 나래카드, 전성카드 등 다양한 전자 결제카드를 등록하면 전자 상점 이용은 물론 전화·전기료 등의 요금납부, 개인 간 송금 등에 활용할 수 있다. 또한 QR코드를 이용한 오프라인 간편 결제 기능도 추가하여 중국의 위챗페이와 같이 앱에 연결된 계좌나 미리 충전해둔 돈을 사용하여 간편하게 온·오프라인에서 결제할 수 있다.

손전화기(휴대폰)를 이용한 결제

북한의 경제 분야 학술지라고 할 수 있는『경제연구』에 게재된 북한학자의 연구 논문을 통해서도 북한 당국의 고민을 엿볼 수 있다.

"이동통신망을 리용한 주민금융봉사를 활성화하는데서 나서는 중요문제"(리유정, 2018)에서는 금융거래에서 신속성과 정확성, 투명성과 편리

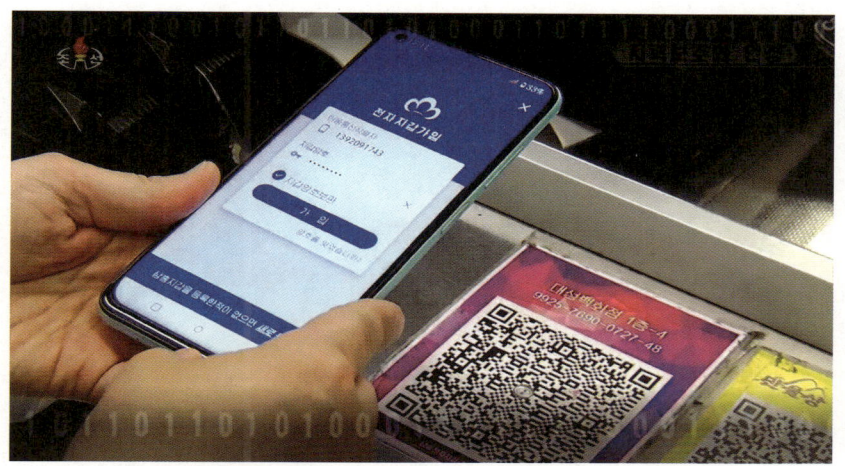

| QR코드 스캔해서 결제하는 북한 주민 ⓒ〈연합〉

성을 높이기 위해 현대적인 정보기술 및 이동통신망을 활용한 주민 금융사업을 활성화할 것을 주장한다. 이를 위해 이동통신기관, 금융기관, 상점 및 봉사기관들이 협력하여 '지능형 손전화기(스마트폰)'를 사용한 금융거래가 원만히 실현될 수 있는 인프라를 갖추도록 하고 있다. 또한 이동통신망에 의한 금융봉사 체계에 대한 보안대책을 철저히 세울 것을 강조하며, 이를 위해 금융기관들은 운영체계 위변조 검사, 악성코드 검사, 침입검출 체계를 철저히 마련하도록 하고 있다.

또한, "손전화 지불봉사의 조직과 경영관리"(경철성, 2020)에서는 손전화를 통한 결제서비스를 효율적으로 수행하기 위한 조직 및 경영관리 전략 수립의 중요성에 대해 말한다. 구체적으로는 은행의 손전화 지불체계 개발 및 관리능력, 은행 지점들의 실태와 직원들의 실무수준, 은행의 정보화 수준 및 위험관리능력 등을 분석할 것을 강조한다.

이와 함께 향후 손전화 결제서비스가 활성화됨에 따라 저금은 물론 보험, 추첨 등 다양한 금융서비스를 손전화를 통해 할 수 있도록 인공지능 기술과 같은 선진기술을 받아들여 금융업무의 컴퓨터화, 무인화를 실천해 나갈 것을 요청하고 있다.

상기 논문들을 볼 때, 북한이 최근 늘어나고 있는 주민들의 스마트폰 이용 추세를 반영하여 금융 분야에서 현대적인 정보기술 성과들을 적극 이용하고자 하며, 이를 통해 화폐 유통의 활성화를 도모하고자 하는 북한 당국의 의도를 간접적으로 파악할 수 있다.

한편, 북한에는 '전화돈'이라는 북한 주민들이 사용하는 모바일머니가 있다. 손전화의 요금 체계 중 크레디트(Credit)로 볼 수 있는 일부 요금을 손전화 가입자 간 송금이 가능하다는 점에 착안해 제3의 화폐처럼 사용하고 있는 것이다. 전화돈은 북한 당국에서 제도적으로 규정한 용어는 아니지만, 화폐개혁과 손전화 보급이 활발히 진행된 2009년 말에서 2010년 초부터 실제 화폐의 대용 수단으로 사용되어오고 있다.

이와 같이 손전화의 보급 확대와 사용 인구의 증가에 따라 전화돈의 이용 빈도도 늘어난 것으로 보인다. 전화돈 활용 사례의 의의는 북한의 열악한 금융 인프라를 송금 중심의 모바일 결제 시스템으로 대체했다는 점을 들 수 있을 것이다(손광수, 2020).

전자상거래의 도입

북한에서는 온라인 쇼핑몰을 포함한 전자상거래(E-commerce)가 활성화되고 있고, 이에 따라 향후 전자결제카드 사용이 더욱 늘어날 수 있다. 북한 당국은 2021년 「전자결제법」 제정 등을 통해 개인이 소비한 자금이 신속히 중앙은행으로 환수됨으로써 자금순환 개선에 기여할 수 있도록 유도하고 있는 것이다.

2015년 첫 전자상점인 '옥류'가 문을 연 이후 다양한 온라인 쇼핑몰이 등장하였고, 현재 북한의 아마존이라 불리는 '만물상'이 대표적인 전자 상점으로 자리매김하고 있다. '만물상'은 '21년 기준 보건·의료품, 특산물, 공예품 등 5개 카테고리에서 약 249개 품목을 판매 중이다. 아울러 최근 '벌이버스', '서비차' 등 택배수단이 빠르게 증가하면서 사적 배달서비스가 등장하였다. 이를 통해 온라인 쇼핑을 통해 구입한 상품이 신속하게 소비자에게 전달될 수 있는 여건이 개선되고 있다(박창진 외, 2022).

한편 최근에는 외화로만 결제 가능한 온라인 상점을 통해 주민 사이에 유통 중인 외화를 효과적으로 흡수할 수 있는 전자상거래 플랫폼도 등장하고 있다. 스마트폰 앱인 '외화상점봉사2.0'은 13개의 대도시 가맹점이 등록되어 다양한 상품과 신속한 배송 등의 이점을 통해 폭넓은 계층을 대상으로 자발적인 외화사용 유도하고 있다(Daily NK, 2022.9.6).

3
외국 화폐 선호: 위안화, 달러로 주세요

화폐개혁의 악몽이 금융기관 불신으로

북한 사람들은 사실 은행이나 금융기관을 믿지 못해서 예금을 하는 것을 무척이나 꺼리고 있다. 왜냐하면 예전에 크게 당한 경험이 있었기 때문이다. 김정일 집권 말기인 2009년에 주민 수중에 있는 현금을 회수하기 위해서 갑자기 화폐개혁을 해 버린 것이다.

주민들이 가지고 있는 돈이 아무리 많더라도 10만 원에 한해서만 100:1로 바꿔주고 나머지 돈은 모두 은행에 보관하도록 하였는데, 갑자기기가 막힌 상황이 되어 버린 것이다. 북한 주민 입장에서는 시장거래를 통해서 나름 노력해서 모은 돈이 공중 분해되면서 두 눈 멀쩡히 뜨고 빼앗기는 꼴이 된 셈이다.

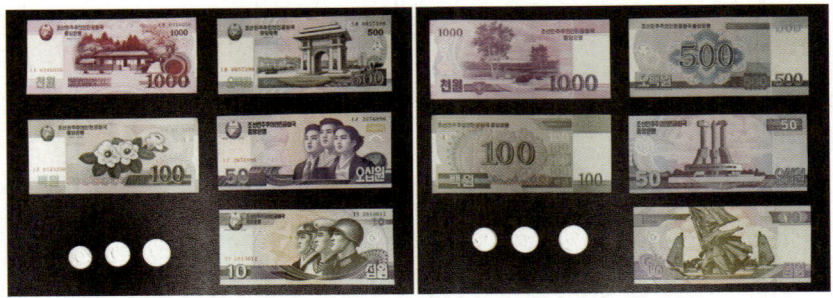

▎ 北 신화폐 가치 10분의 1로 폭락 ⓒ〈연합〉

탈북민 칠성 씨(가명)의 증언에 의하면, 2009년 화폐개혁을 기점으로 하층민이 증가하였다고 한다(박영자, 2024).

> "2007년에서 2009년까지가 조금 괜찮았던 거 같아요. 북한이 화폐교환을 하기 직전에가 가장 좋았던 거 같아요. 화폐교환하면서 북한이 망하고 우리 가정이 망했거든요. (중략) 북한에서 말하는 대로 다 믿으니까 그저 북한에 속아가지고 화폐의 가치가… 금융이 계속 높아지니까 쓰지 말고 놔두라. 거기 속아가지고…"
>
> (2021년 탈북, 남성 20대)

화폐개혁의 실패는 북한 경제가 이제는 결코 국가가 주도하는 계획경제 체제로 돌아갈 수 없고, 주민들이 참여하는 시장이 북한 경제 내에서 큰 역할을 할 수 밖에 없게 하는 사건이었다(국립통일교육원, 2024). 김정은 집권 초기 북한은 화폐개혁의 실패를 교훈으로 시장을 활용해 경제를 살아나게 하고, 체제를 강화하려는 정책을 시행하였다. 특히 국가 개발사업에 '돈주' 및 주민들이 보유하고 있는 자금을 활용함으로써 김정은 정권의 단기 업적을 가시화하는 데 집중하였다.

외국화폐를 선호하는 '달러라이제이션'

과거의 화폐개혁과 같은 일이 앞으로도 다시 벌어지지 말라는 법은 없으니, 북한 주민들이 취할 방법은 무엇이 있을까? 바로 국내뿐만 아니라 외국에서도 자유롭게 쓸 수 있는 중국 위안화나 미국 달러를 가지고 있으면 이러한 위험을 피할 수 있는 것이다. 또한 시장에서 장사를 하는 상인의 입장에서는 중국에서 무역 거래를 통해서 물품을 수입해야 하는 데 이때도 위안화나 달러를 가지고 있는 것이 거래를 하는데 더 편리하니 일석이조인 셈이다.

2019년에 탈북한 김영철 씨(가명)와의 인터뷰에 따르면 북한 주민들이 얼마나 외국화폐를 선호하는지 잘 알 수 있다.

"북한 사람들도 요즘엔 경제에 관심이 많고 특히 환율, 인플레이션에 대한 개념을 이해하고 있는 사람도 많아졌어요. 2009년에 화폐개혁도 하다 보니까. 북한에서 2015년쯤에 돈을 대출해준 적이 있어요. 공장, 기업소에 해준 건데, 지배인이 받을 수 있어요. 그니까 개인들이 모든 잘 아는 지배인들한테 니 명의로 좀 빌려라. 금리가 2-3퍼센트밖에 안됐거든요.

그때 물가는 더 빨리 올랐죠. 그래서 그때 똑똑한 사람들은 다 빌렸어요. 빌려서 몽땅 달러로 바꿔 놓은 거에요. 근데 충분히 더 빨리 달러 가격이 오르니까 환차익을 챙기는 거에요. 그런 머리가 진짜 잘 돌아가요. 그래서 그거 한 1-2년 정도 해주다가 없어졌어요. 초기자금은 내가 일부 모았고 중

V. 금융의 변화 153

간에 좀 빌렸어요. 전 좀 더 친한 사람한테서 1.5%로 4천불정도 빌려 썼어요. 북한 원화는 너무 변동폭이 심하고 부피도 많고 해서 돈많은 사람들은 거의 달러를 쓴다고 보시면 돼요"

(2019년 탈북, 남성 30대)

한편, 통일부(2024)가 발간된 『북한 경제·사회 실태 인식보고서』에 따르면, 북한은 2009년 화폐개혁을 기점으로 위안화, 달러 등을 사용하는 비중이 빠르게 늘어나게 되었다고 한다. 북한이탈주민들을 대상으로 한 설문조사 결과, 시장거래 화폐 1순위를 묻는 질문에 대해 북한 원화라고 응답한 비율은 59.6%를 기록했고, 위안화가 34.0%, 달러화가 2.1%로 뒤를 이었다.

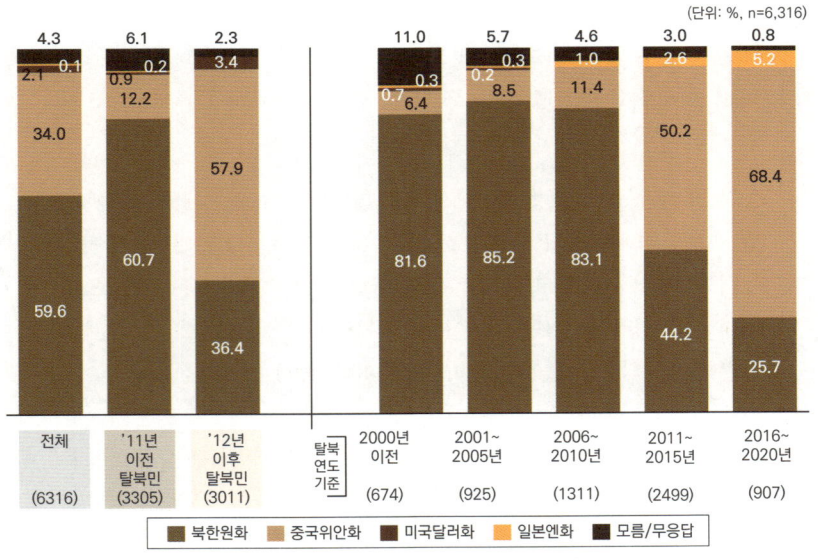

| 북한의 시장거래 화폐의 변화
*출처: 통일부, 『북한 경제·사회 실태 인식보고서』 (통일부, 2024), p. 147.

동 설문 결과를 김정은 집권 이전과 이후의 탈북민으로 나누어 살펴보면, 김정은 집권 전인 2011년 이전에는 12.2%에 불과했던 위안화 사용이 2012년 이후에는 57.9%로 대폭 상승해 과반을 넘어섰다. 2009년 화폐개혁 실패와 더불어 2010년대 들어 대중국 무역이 활성화되면서 중국 제품의 판매가 늘어났고 이에 따라 위안화 사용도 늘어나게 된 것으로 보인다.

이와 같이 외국 화폐를 선호하는 현상을 '달러라이제이션'이라고도 하는데, 이는 단지 북한에서만 발생하는 일은 아니고, 베트남을 비롯해서 많은 개발도상국에서 많이 나타나는 상황인데, 이렇게 되면 아무래도 자기나라의 화폐의 가치가 점점 약해질 수밖에 없으니 바람직한 일이 아닌 것만은 분명하다.

동남아 체제전환국 달러라이제이션 지수

	'91년	'95년	'01년	'04년	'10년	'13년	'16년
캄보디아	26	56	70	71	81	82	83
라오스	37	42	75	63	44	42	47
베트남	41	21	32	24	20	14	9

*출처: IMF Country reports, 우리금융경영연구소, "베트남 사례를 통해 본 북한의 달러라이제이션,"(2018) 재인용.

북한 주민들의 자국 화폐인 원화에 대한 불신과 위안화, 달러 등 외화 선호 현상을 반영한 달러라이제이션 진행 정도는 80%를 상회하는 수준으로 추정되며, 이는 IMF Country Report 등에 따른 동남아 국가들과 비교 시 캄보디아와 유사한 매우 높은 수준으로 분석된다(박은진, 2019).

북한 원화의 기능 저하

북한 내에서 외화 사용의 급증을 화폐의 기능 차원에서 살펴보면 북한

원화의 가치저장기능이 약화되었음을 의미한다. 음성적으로 이루어지는 사금융의 경우 북한 원화 사용을 법적으로 강제할 수 없고, 대출받는 시점과 갚는 시점의 시간 차이로 인해서 화폐가치가 안정적인 외화 사용을 선호하게 된다. 이는 북한 원화를 멀리하고 외화 사용을 늘리는 주된 계기로 작용하는 것이다. 이제 북한 원화는 가능하면 빨리 소진시켜야 할 저급화폐가 되었고, 외화는 가치저장을 위해 아껴둬야 하는 고급화폐가 된 것이다.

북한의 달러라이제이션은 공식환율과 실제 거래 시 적용되는 시장환율의 격차를 더욱 확대하였고, 외화보유 정도에 따른 빈부격차 발생하게 하는 등 북한 경제에 부정적 영향을 미쳤다.

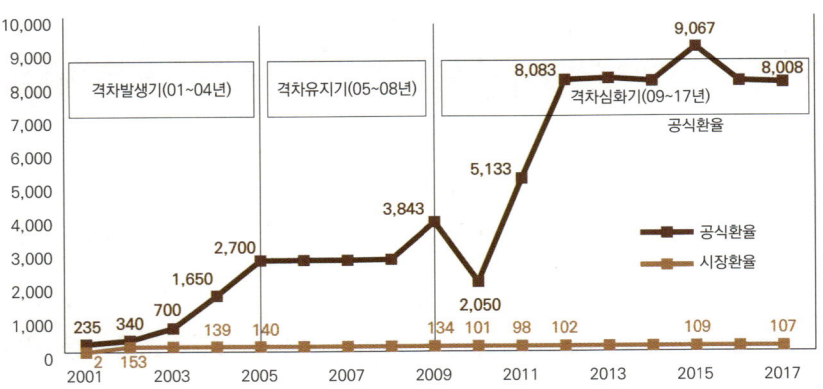

| 북한 공식환율과 시장환율 추이
 * 출처: 박은진, "북한의 달러라이제이션 실태 및 평가," (KDB산업은행, 2019) 재인용
 ** 한국은행(공식환율), Daily NK(평양, 신의주, 혜산 12월말 시장환율 평균) 기준

북한의 은행에서 적용하는 공식 환율(북한 원/달러)은 2001년 2.2에서 상승하여 100~150 수준에서 큰 변동이 없지만, 실제로 시장에서 거래되는 환율인 시장환율은 2009년까지 꾸준히 상승하였다. 2009년 화

폐개혁 이후인 2010년 북한 원/달러 환율은 2,050 북한 원에서 2012년 8,083 북한 원으로 급상승하며 격차가 더욱 커지게 되었다.

이로 인해서 외화보유 정도에 따른 빈부격차가 발생하여 주민들은 외화를 더욱 선호하게 되었고, 북한 원화는 점점 더 화폐가치를 잃어감에 따라 북한 경제는 위안화, 달러 등 외화가 지배하는 구조로 굳어질 가능성이 높아지고 있다.

4 상업은행 등장: 주민 보유자금을 유치하라

이원적 은행제도로의 변화

북한의 사회주의 체제에서는 은행체계에 중앙은행과 무역은행 등의 몇몇 특수은행밖에 없었다. 즉 나라에서 세운 예산 계획에 따라서 돈이 필요한 공장이나 기업소에 보내주고, 남은 돈을 다시 거둬들이는 일만 하면 되었다. 그런데 시장이 늘어나고 개인들이 가지고 있는 돈이 점점 커지면서 상황이 바뀌고 있다. 시중에 남아도는 돈을 다시 회수해서 공장에서 생산에 필요한 물품을 사는데 사용할 수 있도록 해야만 경제가 제대로 돌아갈 수 있게 된 것이다.

북한 경제의 사정이 악화된 현실에서 생산을 담당하고 있는 공장이나 기업소의 입장에서 볼 때, 중앙의 높은 부서에서는 이러이러한 사업을 진행하라는 사업계획만 지시하고 도대체 필요한 자재나 물품도 제때 주지 않고, 필요한 돈도 넉넉히 주지 않으니 말은 못하고 속이 터질 것이다.

이러한 상황이 되니 북한 당국에서도 시중에 돌아다니는 돈을 예금

| 조선중앙은행 전경 ⓒ〈연합〉

으로 받아들여서 기업소, 공장의 생산에 필요한 돈을 공급하는 역할을 제대로 하는 금융기관이 필요하게 되었다. 이에 따라 김정은 집권 이후인 2015년에 「중앙은행법」과 「상업은행법」의 개정을 통해 중앙은행과 상업은행을 조직·기능적으로 나누었고, 상업은행이 예금 및 대출업무를 맡도록 하였다.

이를 통해 사회주의 특유의 '단일은행제도'에서 벗어난 중앙은행은 은행권 발행 및 통화량을 조절하는 역할만 하고, 예금 및 자금공급 업무 등은 새롭게 등장하고 있는 상업은행이 담당하게 하는 '이원적 은행제도(Two-tier banking system)'로 바뀌어가고 있다.

주민 보유자금 유치 노력

2015년 개정된 「기업소법」에 의하면 북한의 기업소들은 경영 활동에 필요한 자금을 은행으로부터 대출받거나, 주민들이 가지고 있는 돈을 이용할 수 있게 되었다. 종전에는 기업소가 개인으로부터 자금을 빌리는 것은 법으로 허용되지 않았으나, 개인들이 보유하고 있는 돈을 합법적으로 사용할 수 있도록 바뀐 것이다.

최근 북한의 경제 저널인 '경제연구'에 실린 논문들을 보면, 경제건설과 인민생활에 필요한 자금을 외부로부터의 투자, 즉 외국 투자를 통해서 해결할 수 있지만, 자체의 자금을 최대한 이용하는 것이 중요하다고 보았다. 특히 북한의 핵실험 및 대북 경제제재가 강화된 2013년 이후에는 경제개발구 등을 통해 외국자본을 들여오기 어려워지면서 북한 내부에서 잠자고 있는 돈들을 활용해서 필요한 자금문제를 해결할 필요성이 더욱 커지고 있는 것이다.

북한이탈주민을 대상으로 한 설문조사에 의하면, 전체 응답자 중 실제 생활에 필요한 자금 이외 사용 가능한 여유자금을 보유했다고 응답한 비율은 29.6%로 조사되었다. 여유자금 보유자 비율은 김정은 집권 이전과 이후 비교적 큰 편차를 보인다. 김정은 집권 이전인 2011년 이전에는 16.8%만이 여유자금을 보유했다고 응답한 반면, 김정은이 집권한 2012년 이후에는 해당 비율이 43.7%로 늘었다. 2010년대 들어 급격히 확산된 시장화로 인해 비공식 소득이 확대된 영향이 크다고 보인다(통일부, 2024).

북한 당국은 이와 같이 잠자고 있는 돈인 유휴화폐자금을 깨워서 사용하기 위한 방안으로써 은행기관들로 하여금 주민들이 쉽게 이용할 수 있는 합리적인 저금방법을 개발할 것을 요구하고 있다. 즉 전국적인 범위에서 저금사업의 정보화를 통해서 주민들이 편리한 장소, 시각에 저금을 하고, 또 돈이 필요할 때는 바로 찾을 수 있도록 함으로써 저금 규모를 늘리라는 것이다. 이를 위해은행 계좌에 있는 돈을 현금자동인출기(ATM, Automated Teller Machine) 등을 통해 언제라도 입출금 할 수 있는 금융시스템을 만드는 것이 필요할 것이다.

금융기관은 자기가 번 수입으로 운영

과거 북한의 중앙은행과 무역은행, 그리고 부문별 외환 전문 은행들은 운영과정에 발생하는 수입을 국가 예산으로 납부하고, 은행 업무를 위한 지출은 따로 국가 예산에서 받아쓰는 방식으로 운영되는 이른바 '예산제 금융기관'이었다. 하지만 최근 북한에서 발표되는 연구 논문들을 보면, 앞으로 금융기관들은 당국에서 예산 지원을 받지 않고, 예금과 대출이자의 차이인 마진이나, 카드 수수료 등을 통해 수익을 만들어서 스스로의 힘으로 운영해나가야 한다는 소위 '금융기관 채산제'와 관련된 글이 많이 나오고 있다.

한편, 2023년 3월, 북한 최고인민회의 상임위원회에서는 은행의 대출과 관련된 법규인 「대부법」을 제정하였다. 동 법에는 돈을 빌린 사람이 대출금을 갚지 못했을 경우의 손해배상 의무, 위약금이나 연체금의 부과 등을 포함하여 민사적 책임과 처벌 관련 내용이 포함되었다. 이는 북한 당국이 대출금을 제때 상환하지 않는 기업소 등에 대해서 법적으로 강력히 대응한다는 의미이며, 한편으로는 은행을 안정적으로 경영할 것이니 주민들이 안심하고 은행에 예금을 맡기라고 하는 것이다.

이제 은행은 주민들이 보유한 돈을 예금으로 받아서 공장, 기업소에서 필요한 자금을 공급하는 금융기관 본래의 역할을 제대로 해야 할 것이고, 동시에 스스로 수익을 만들고, 운영해야 하는 새로운 상황에 놓이게 된 것이다. 이를 위해서는 먼저 예금 이자를 적정하게 주어야 할 것이고, 예금 유치를 위해서 보다 다양한 금융서비스를 제공할 필요가 있다.

5
사금융 번창: 고리대에서 벗어나고 싶어요

공식금융을 대체하고 있는 사금융

북한의 '돈주'는 1990~2000년대 이후에 제도적인 상업금융 시스템이 구축되지 않은 현실을 이용해서 급하게 돈이 필요한 사람들에게 돈을 빌려주고 이자 수익을 얻는 '북한판 화폐자본가'로 변모해갔다. 현재는 이와 같은 개인간의 사적인 금융(사금융) 분야에서 뿐만 아니라 실물경제 분야에서도 투자를 확대해 자본을 축적하고 있으며, 국영기업의 명의를 빌려 독자적으로 기업을 경영하거나 권력층과 유착하여 임금 노동자를 채용하는 등의 사적 경제활동을 하고 있다(국립통일교육원, 2024).

이와 같이 북한 주민 중에서도 장사나 개인 사업을 통해서 돈을 많이 번 '돈주' 등이 생겨나고 있지만, 상대적으로 농촌이나 도시 외곽에서 먹을 식량도 없이 어렵게 살아가는 사람들도 많다는 것은 잘 알려진 사실이다. 이런 사람들이 시장에 나가 장사를 하거나 조그만 사업을 시작하려면 종잣돈이 필요하다. 하지만 은행에서 이런 사람들에게 선뜻 돈을 빌려주지는 않을 것이고, 담보를 가져오라고 하거나 보증을 세우라고 할 것이다.

그럼 이런 어려운 처지에 있는 사람이 가는 곳은 어디일까? 예전에 우리나라에서도 심각한 사회문제를 많이 일으킨 적이 많이 있었다. 바로 비상적으로 높은 이자를 물리는 고리대 사금융 업자들이 운영하는 곳에 발을 들여놓을 수 밖에 없는 처지가 되는 것이다.

2024년에 발간된 『북한 경제·사회 실태 인식보고서』에 따르면, 북한에서 사금융, 즉 비공식적 금융시장이 만들어지고 발달하게 된 것은 수요와 공급의 양 측면에 원인이 있다. 즉 금융 수요 측면에서 보면 국가가 주도하는 계획경제가 거의 붕괴되고 아래로부터의 시장화가 진전됨에 따라, 일반 주민들은 생존과 장사를 위해서, 또한 기업은 계획사업 수행을 위해서 자금이 절실히 필요해졌다. 또한 금융 공급의 측면에서 보면 공적 금융기관인 은행에 빌려줄 수 있는 자금이 부족하여 제 기능을 거의 할 수 없게 되면서 민간 부문에서 시장화에 따라 자본을 축적한 개인들이 새로운 자금 공급자로 나서게 된 것이다.

북한의 공식적인 금융이 그 역할을 제대로 하지 못하고 있음에도 불구하고 시장화를 통해 북한 경제가 어느 정도의 성장을 지속하고 있다는 것은 사금융이 시장에서 필요한 자금과 금융서비스를 하고 있다고 볼 수 있다. 향후 시장화가 확대될수록 북한의 사금융은 더욱 늘어날 가능성이 높다.

이러한 사금융의 형태는 개인 간의 채권·채무는 물론이고 농촌에서 개인이 농장에서 농자재를 빌리거나, 쌀 낟알을 빌리는 현물 고리대금의 형태 등 매우 다양하다. 북한 탈북민의 증언에 따르면 개인 간 채무의 이자는 보통 매월을 기준으로 하는데 이자율이 10%에 이르는 것으로 파악된다. 이는 일정 금액을 빌린 경우 약 10개월 후에는 최초 원금의 두 배를 갚아야 하는 경우도 발생하게 되는 것으로, 이로 인해 발생하는 고통과 절망은 상상할 수 없을 만큼 클 것이다.

사금융 폐해의 확대

김일성(1976)은 농촌금융사업과 관련하여 다음과 같이 언급하면서 국가가 경영하는 '농업은행' 이외에 농촌 지역별로 신용협동조합을 조직함으로써 고리대를 타파하고 농민들의 어려움을 풀어줄 것을 지시한 바 있다.

> "우리 농촌을 사회주의적으로 개조하려면 소비협동조합과 신용조합을 다같이 발전시켜야 합니다. … 고리대현상과 효과적으로 투쟁하지 못하고 있으며 농민들의 아픈 문제들을 제때에 풀어주지 못하고 있습니다. … 농민은행을 국가가 경영하는 농업은행으로 고치고 농민은행 주주들에게는 다 결산을 해주는 것이 좋습니다. 그래서 그들로 하여금 그 돈으로 농촌 리마다 신용협동조합을 조직하도록 해야 합니다. 신용협동조합은 조합원을 대상으로 하여 그들의 자그마한 문제를 푸는데 도움을 주어야 합니다."

이와 같이 김일성 시기부터 사금융의 폐해는 농촌 사회를 중심으로 심각한 사회 문제였던 것으로 보인다. 하지만 최근에는 그 폐해의 범위와 정도가 점차 커지고 심각해져 가고 있는 것으로 알려져 있다. 즉 북한의 사금융 업자들이 점점 성장하면서 급하게 돈을 빌려간 사람 중에서 제때에 원금과 이자를 내지 못하는 사람을 위협해서 돈을 받는 조직폭력배도 생기고, 인신매매까지 이어진다고 하니 심각한 문제가 아닐 수 없다.

특히 경제 범죄나 조폭 활동에 대한 실질적인 처벌이 어렵다는 문제가 지적되고 있는데, 이는 법적 처리의 어려움과 경찰 및 보안 관련 기관과의 유착으로 인해 생기는 것으로 보인다. 최근에는 개인적인 고리대금업보다는 전문화된 조직이 생겨나고 있으며, 이와 연계된 부작용들은 북한 사회의 안전과 안정을 위협하는 심각한 문제가 될 수도 있다.

한편, 북한의 사금융 시스템은 부작용과 폐해도 크지만, 한편으로는 경제를 작동시키는 중요한 역할을 하고 있다. 북한의 건설 산업은 주로 북한 당국 주도로 이루어지고 있으며, 이 과정에서 돈주 등을 중심으로 한 건설 관련 자본과 고리대금업이 상당한 규모로 발전하고 있다.

북한 당국이 건설 투자를 강조하고 할당량을 주지만 실제로는 자금이 부족한 상황에서 돈주 등의 민간자본이 나서서 건설을 하고 특혜를 받는 사례도 많은 것이다. 고리대금업자들은 해당 건설 사업에 필요한 자금을 대출하거나, 투자를 하고 건물이 완공 후에는 입주권 매매 등을 통해 이익을 얻는 방식을 취한다.

금융감독법의 제정

북한은 2023년 10월, 최고인민회의 상임위원회에서 「금융감독법」을 만들었다. 이를 통해 금융 질서를 세우고, 금융 거래자의 이익을 보호하기 위한 금융감독 기능을 강화할 것으로 보인다. 이에 앞서 2023년 7월에는 「중앙은행법」, 「전자결제법」 등을 개정하였고, 2023년 9월에는 내각부총리 주도로 통일적인 금융관리 체계에 대한 협의를 사전적으로 하였으며, 금융감독 기능을 담당하고 있는 조선중앙은행 총재도 교체하였다.

이와 같이 북한 당국은 금융감독 강화를 통해 금융 거래자 이익 보호

북한 최고인민회의 상임위원회 모습 ⓒ〈연합〉

와 금융기관 신뢰를 회복하려고 할 것이다. 구체적으로 보면 은행의 상시 지불준비금 부족, 대출 이자율의 기준이자율 한도 초과 등과 같이 은행, 보험기관 등이 금융정책 관련 법, 규정을 위반하는 사례를 중점적으로 감시할 것으로 보인다.

결론적으로 김정은 집권 이후 북한은 상업은행을 새롭게 만들고,「금융감독법」을 제정하는 등 점진적인 금융개혁을 추진 중인 것으로 평가된다. 하지만 주민들로부터 예금을 받아서 자금이 필요한 공장, 기업소 등에 대출하는 금융기관 본연의 자금 중개 기능은 여전히 미약하다. 앞으로 금융이 담당하는 영역을 늘리고, 상업은행의 신뢰도를 높이기 위한 노력이 계속되어야 할 것이다.

VI

지방경제의 변화

윤세라

김정일 위원장의 대학 졸업 논문이 무엇인지 아는 사람이 있을까? 김정일 위원장은 김일성종합대학교 경제학부에서 정치경제학을 전공했다. 그의 졸업 논문 제목은 '사회주의 건설에서 군의 위치와 역할'이다. 여기서 군은 군대의 군(軍)을 의미하는 것이 아니라 북한 행정구역이자 지방경제의 기초단위인 군(郡)을 뜻한다. 논문 주요 내용은 북한에서 군의 역할이 무엇인지 규정하고, 군을 중심으로 지방을 발전시켜 인민들의 생활을 향상시켜야 한다는 것이다. 1960년대에 발표된 이 논문의 존재만으로도 지방경제에 대한 북한 지도자의 관심이 얼마나 크고 오래되었는지 짐작할 수 있다.

  지도자의 관심에도 불구하고 지금까지 북한 지방경제 상황은 녹록지 않았다. 북한 당국은 자원이 넉넉하지 않은 상황에서 지방보다는 중앙에 우선으로 자원을 투입했다. 지방경제를 위한 자원은 늘 부족했다. 여기에 1990년대 북한 경제위기에 따라 지방의 많은 공장이 문을 닫았다. 나아가 북한 당국은 지방에 '인민 생활을 책임지는 호주(戶主)'로 역할을 부여하기 시작했다. 지방경제는 국가의 지원 없이 스스로 살아남아야 하는 자력갱생

그 자체였다.

지방 주민들을 위한 지방경제는 제대로 역할을 하지 못하였다. 여기에 시간이 지남에 따라 중앙과 지방, 도시와 농촌, 평양과 비평양의 격차는 더욱 벌어져갔다. 김정은 위원장도 이를 인식하고 있다. 김정은 위원장은 2024년 초 지역 인민들의 삶과 직접적 연관이 있는 지방경제가 초보적 조건도 갖추지 못하고 한심한 상태라고 지적하고, 지방 간 불균형·격차가 심하다고 언급하며 지방경제 발전을 직접 지시했다(『노동신문』, 2024.1.25).

김정은 정권은 집권 이후 각종 법을 만들어 지방경제 발전의 기초를 마련했다. 지방경제의 두 축인 공업과 농촌경리 발전도 진행 중이다. 새로운 농촌을 건설한다는 목표 아래 농촌을 중심으로 한 경제발전 정책을 시행하고 있으며, 2024년에는 앞으로의 10년을 이끌어갈 지방공업 발전 정책을 발표했다. 지방이 스스로 살아갈 수 있도록 재정 권한도 확대하고 지방 차원의 대외개방도 모색하였다. 따라서 이 장에서는 법, 농촌경리, 지방공업, 지방재정, 지방경제개발구 5개의 키워드로 김정은 시기 달라진 지방경제의 변화를 풀어 나가보려 한다.

내용을 알아보기 전에 북한이 말하는 '지방경제'가 무엇인지 살펴보고자 한다. 북한 지방경제 개념은 남한 사회에서 사용하고 있는 지방경제 혹은 지역경제와 차이가 있다. 북한 지방경제는 북한 당국의 경제발전전략과 경제구조에 따라 만들어진 개념이다. 1950년대 북한 당국은 북한의 자원을 중공업에 우선 투자하여 경제를 발전시키고자 했다. 이를 위해 경공업조차도 중앙과 지방으로 나누어 차등적으로 자원을 투입하였다. 이에 따라 최소한의 자원을 투입하여 중소규모의 경공업을 중심으로 한 지방공업이 만들어지며 본격적인 북한식 지방경제가 만들어졌다.

북한의 지방경제 개념을 더욱 쉽게 이해하기 위해 상대적인 개념인 '중앙경제'와 유사 개념인 '지역경제'를 함께 살펴보자(윤세라, 2024). 북한에서 정의하는 지방경제는 "지방의 국가경제기관들에 의하여 관리운영되며 주로 지방의 원료원천과 지방적 수요를 대상으로 하여 발전하는 경제(경제사전 2, 1985)"를 말한다. 여기서 중요한 것은 '지방적 수요'이다. 즉, 그 지방에 있는 공장이라고 해도 공장에서 생산한 제품이 전 국민을 위한 것이라면 그 부분은 지방경제로 보지 않는다. 오직 그 지방에 속한 주민들을 위해서, 그 지방의 원료를 가지고 경공업품, 농업생산물, 주택, 편의서비스 등을 공급하는 경제를 지방경제라고 한다.

'중앙경제'는 중앙기관의 지도를 받으며 중앙의 자원으로 전 인민의 수요를 보장하는 경제를 말한다. 따라서 지방에 있는 공장이라고 해도 국가적 수요를 충족시키기 위한 공장이라면 중앙경제에 속한다.

지방경제와 중앙경제

- 지방경제: 지방기관의 지도를 받으며 지방의 원료 및 자재를 활용하여 지방 인민들의 수요를 보장하는 경제
- 중앙경제: 중앙기관의 지도를 받으며 중앙의 자원으로 전 인민의 수요를 보장하는 경제

북한의 중앙경제와 지방경제

	중앙경제	지방경제
관리소속	중앙행정기관	지방행정기관
규모	대규모	중소규모
수요 보장 범위	전사회적, 전국가적 수요	지방적 수요
원료원천 공급	중앙	지방 자체

*출처: 윤세라, 「북한 지방경제에 관한 연구」, 동국대학교 박사학위논문(2024), p. 10.

'지역경제'는 나라의 경제를 지역적 단위로 보는 경제로, 중앙경제와 지방경제 할 것 없이 일정한 단위로 고찰한 경제를 말한다. 보통 평양, 원산 등 도시나 지역 단위의 경제를 칭할 때 사용한다. 이 지역 단위의 경제 안에 중앙경제 부분과 지방경제 부분이 함께 구성되어 있다.

북한 지방경제는 북한 주민의 물질적, 문화적 환경 등에 영향을 미치는 아주 기본적인 분야이다. 따라서 지방경제를 살펴보는 것은 북한 주민의 삶의 조건을 확인하는 것과도 같다. 북한 주민의 일상생활에 가장 맞닿아 있는 지방경제의 변화를 본격적으로 살펴보도록 하겠다.

1
법의 탄생: 지방경제 관련 법 첫 등장

김정은 시기 지방경제 관련 법이 처음으로 만들어졌다. 김정일 정권 시기와 비교하여 가장 눈에 띄는 변화이다.

법제화는 김정은 정권의 특징 중 하나이다. 기존 북한 법제는 권력승계나 커다란 정책 변화에 따라 제·개정되었다면, 김정은 시기에는 국정운영 전반에서 세세하게 법·제도화가 나타나고 있다. 또한 김정은 시기 북한 당국은 법적·행정적 통제를 통해 관리를 강화하며 법의 규정력을 높이고 있다.

김정은 시기에 제정된 지방경제 관련 법은 「지방예산법」, 「경제개발구법」, 「시, 군 발전법」 등이 있다. 이외에 「지방주권기관법」, 「사회주의 상업법」, 「편의봉사법」 등 제·개정된 다양한 법에서 지방경제와 관련한 내용을 찾아볼 수 있다.

여기서는 지방경제의 기초 내용을 담고 있는 「시, 군 발전법」과 「지방예산법」을 중심으로 주요 내용과 변화를 살펴보고자 한다(국가정보원, 2024; 윤세라, 2024). 「경제개발구법」은 뒤에서 다루니 아쉬움은 잠시만 접어두자.

지방경제 발전의 A to Z

2021년 제정된 「시, 군 발전법」은 지방경제의 범위와 임무 등 지방경제 발전과 관련한 기초적인 내용을 담고 있다.

그런데 왜 '지방경제 발전법'이 아니고, '시, 군 발전법'일까? 여기서 시(市), 군(郡)은 우리나라의 서울시, 봉화군 같은 행정 명칭이다. 북한은 시와 군을 지방경제의 가장 기본적인 단위로 설정하고 있다. 북한의 시, 군은 단순한 행정구역 단위가 아니라 사회주의 건설을 위한 정치, 경제, 국방 등의 부문에서도 기능한다. 북한에서 시, 군은 북한 당국의 정책을 실행하는 말단 집행 단위이자, 농촌경리와 지방경제를 지도하는 지역적 거점이자, 나라의 전반적인 발전을 떠받드는 강력한 보루이다(『노동신문』, 2021.1.9). 이렇게 시와 군을 중심으로 발전해야 한다는 내용을 담았기 때문에 「시, 군 발전법」이 되었다.

각 시, 군이 발전시켜야 할 지방경제의 범위는 어디까지일까? 법에는 지방공업, 농촌경리, 국토환경보호 및 도시경영, 지방건설 및 지방운수, 상업유통과 지방무역, 지방문화를 중심으로 그 내용이 정리되어 있다. 이렇게만 봐도 지방경제가 꽤 많은 분야를 담당하고 있다는 것을 알 수 있다.

「시, 군발전법」(2021) 상 지방경제의 범위

범위	내용
지방공업	각종 인민소비품 생산, 전력(중소형발전소, 대체에너지) 보장, 원료기지 (재배원료기지, 자연원료기지) 조성 등
농촌경리	농업발전 및 식량문제 해결, 농업, 과수업, 축산업, 수산업, 농촌 지원 및 농장원 생산의욕 제고 등
국토환경보호 및 도시경영	토지보호, 임농복합, 도로 및 철길, 강하천, 해안시설물, 환경보호, 살림집, 공공건물, 상하수도, 난방시설, 도시미화 등
지방건설 및 지방운수	소재지 및 농촌마을 건설, 건재생산기지, 여객 및 짐수송, 농촌버스 등
상업유통 및 지방무역	상업, 사회급양, 편의봉사, 지방무역 등
지방문화	교육 및 과학, 보건, 의료, 민족유산, 체육, 문화, 예술 등

*출처: 국가정보원, 『북한 법령집 下』, 서울: 국가정보원, 2024, pp. 133-143을 참고하여 저자 작성.

「시, 군 발전법」상의 내용이 김정은 위원장 시기에 새롭게 나타난 것은 아니다. 지방경제 형성 시기부터 현재까지 조금씩 변화해 온 지방경제의 역할과 범위를 처음으로 종합하여 정리하고 명문화했다는 것에 의미가 있다.

지방경제 발전에 국가의 지원을 명시한 것도 주목할 점이다. 지방경제의 자력갱생 기조는 변하지 않았지만, 김정은 정권은 국가가 지방건설에 필요한 시멘트를 보장하거나 설비·자재 등을 보장하는 등의 모습을 보인다. 예를 들어, 지방건설을 위한 시멘트 보급을 적극적으로 추진하고 법으로도 명시하였으며, 지방공장의 개건 초기 자재와 건설 인력 등을 지원하고 있다. 현실에서 국가의 지원이 얼마나 지속하여 나타날지는 미지수지만, 지방경제 발전에 국가적 투자를 적극적으로 추진하고 있다는 점에서 귀추가 주목된다.

지방 살림살이는 지방에서 알아서!?

지방경제 발전을 위해서는 무엇보다도 예산이 뒷받침되어야 한다. 북한 지방예산은 어떻게 운영될까? 북한 지방예산은 지방이 자체로 수입을 꾸려나가는 '지방예산제'가 1973년에 제도화되어 현재까지 시행되고 있다. 2012년에는 처음으로 「지방예산법」이 만들어졌다. 법에서는 국가의 지도 아래 지방인민위원회(지방정부)가 전적으로 지방예산을 책임지고 보장하도록 하고 있다.

지방예산제

지방기관이 국가의 중앙집권적 지도와 통제 아래 지방의 살림살이를 자체의 수입으로 꾸려나가는 사회주의 예산제도

지방의 살림살이는 어떻게 꾸려지고 관리될까? 법에서 규정한 지방예산의 수입 및 지출 항목을 보면 그 실마리를 찾을 수 있다.

「지방예산법」(2012) 상 지방예산 수입 및 지출 보장 범위

	조항	범위	보장방법
수입	제25조	지방공업	지방공업 생산 확대
	제26조	농업발전	농산물 생산, 지방공업원료 보장
	제27조	수산업	수산물 보장
	제28조	상품공급, 사회급양, 편의봉사사업	봉사료 수입
	제29조	문화후생시설 운영	공원, 유원지, 문화회관, 극장, 영화관, 경기장 등 운영
	제30조	부동산	부동산사용료
	제31조	경영활동 개선	원가와 유동비 지출을 줄이고 순소득 창출

	조항	범위	보장방법
지출	제32조	기본건설자금과 대보수자금	계획에 따라 선후 공급, 계획에 없는 대상은 공급 불가
	제33조	지방경제발전, 과학기술발전, 도시경영사업	사업비 따로 지출
	제34조	인민적 시책과 사회문화사업	인민적 시책비 우선적 보장

*출처: 윤세라, 「북한 지방경제에 관한 연구」, 동국대학교 박사학위논문(2024), p. 54.

먼저, 지방예산 수입은 지방의 공업, 농업, 수산업, 상품공급·사회급양·편의봉사사업, 문화후생시설 운영, 부동산, 경영활동 개선을 통해 충당하도록 했다. 특이한 점은 전체 지방예산 수입에서 20~30% 이상을 봉사료 수입금(서비스 수입)으로 채우도록 한 것이다. 시장화 이후 개인 서비스업을 중심으로 확대된 사(私)경제의 이익을 지방정부가 활용하는 것으로 풀이할 수 있다. 또한, 지방공장에서 지방에서 나는 원료로 생산액의 60% 이상을 보장하도록 했다.

지출은 건설이나 각종 보수(기본건설자금과 대보수자금), 지방경제발전·과학기술발전·도시경영사업, 교육·보건·사회보험 및 사회보장(인민적 시책)과 사회문화사업에 하도록 규정하고 있다. 지방이 꽤 다양한 범위에서 지출해야 함을 알 수 있다. 「지방예산법」에 따르면 건설자금은 계획에 있는 것만 지출할 수 있고, 사회문화사업보다는 교육, 보건 등 분야에 우선으로 지출하도록 하는 등 지출의 순위도 가늠할 수 있다. 부득이하게 자금이 부족한 경우에는 도(道)나 중앙에서 필요한 자금을 보장할 수 있도록 하였다.

북한 지방예산제의 특이한 점은 지방이 국가에 납부금을 내야 한다는 점이다. 1973년 지방예산제가 만들어진 이후 중앙예산납부 강제화 흐름이 계속되어 왔다. 1973년 도의적 성격의 납부금은 2000년대 제도 변화와 함께 강제화되었다. 나아가 「지방예산법」은 지방의 중앙 납부를 공고화했다. 법에서는 지방예산제 실시의 기본 준수 원칙 중 하나로 지방예산 수입에서 상부 기관 납부금을 먼저 납부한 후에 지출하는 것을 규정하고 있다. 또한, 지방예산 편성 시에 상부기관 납부금을 의무적으로 보장하도록 했다.

우대기금도 있다. 우대기금은 지방에서 계획된 예산 수입을 초과하여 수행하였을 때 초과액의 일부를 지방의 경제 문화 발전에 사용할 수 있도록 하는 것이다. 이는 지방경제 발전을 촉진하는 요인으로 작용할 수 있지만, 각 지방간의 차이를 유발할 수 있는 요인으로도 작용한다.

김정은 정권 시기 지방경제 관련 법들이 제정되면서 지방경제 이곳저곳의 세부적인 내용을 확인할 수 있게 되었다. 이 법들이 앞으로 어떻게 바뀌게 되는지 살펴보는 것은 김정은 시기 지방경제 변화를 확인할 수 있는 하나의 지표가 될 것이다.

2 북한식 새마을운동: 김정은 시대의 농촌발전

1970년대 남한에서는 '잘살아 보세'라는 구호 아래 정부 주도의 지역사회 개발 운동인 '새마을운동'이 진행되었다. 도시와 농촌 간 격차가 심해지면서 농촌문제가 사회문제로 나타나게 되자, 농촌경제 발전과 농가 소득 증가를 목표로 국가적인 정책이 대대적으로 시행된 것이다. 새마을운동을 통해 초가지붕을 양철지붕으로 바꾸고, 농촌 마을의 길을 확장하고, 전기 시설과 공동시설물을 확충했다. 농경지를 확장하고, 종자 개량과 공동작업도 추진했다.

이와 비슷한 현상이 2021년 이후 북한에서 진행되고 있다. 북한은 2021년 제8차 당대회에서 전국의 '균형적 동시 발전'을 목표로 내세웠다.

이후 농촌에 집과 각종 시설을 건설하고, 농가의 빚을 일부 탕감해 주는 등의 정책이 진행되고 있다.

새마을운동의 시작 '새시대 농촌혁명강령'

북한판 '새마을운동'은 '새시대 농촌혁명강령' 정책에서 시작되었다. 2021년 12월 완성된 농촌발전정책은 10년의 장기계획이다. 정책의 목표는 식량문제 완전 해결과 농촌 주민의 생활환경을 획기적으로 개선하여 농촌이 지속하여 발전할 수 있도록 하는 것이다. 농촌 개선을 목표로 둔 새마을 운동과 닮았다. 이 정책은 단순히 농업 생산량 증대만을 목표로 하는 것이 아니다. 농촌혁명강령은 △식량증산 △(지방)공업 △(살림집)건설 △국토관리(치산치수) △교육 △보건 6대 분야를 선정하여 농촌 전반의 발전을 추진하고 있다.

| 북한 '새시대 농촌혁명강령'의 6대 정책과제

이전까지 북한의 농촌 강령은 1964년 채택된 '사회주의 농촌테제'가 유일했다. 농촌테제는 노동자와 농민 간의 계급적 차이를 해소하는 무계급 사회의 사회주의 완전승리를 목적으로 했다. 이를 위한 수단으로 식량 증산, 농업 부문의 노동환경 개선 등의 농촌 개선사업이 진행되었다. 이후 60여 년 만에 새시대 농촌혁명강령이 나타났다. '사회주의 농촌테제'를 북한의 사회주의 농촌 건설을 위한 최초의 바이블 성격의 문서로 본다면, '새시대 농촌혁명강령'은 기존의 농촌테제를 발전한 김정은식 지침서로 이해할 수 있다.

농촌에 새로운 마을이 쑥쑥

새시대 농촌혁명강령의 대표적인 사업은 농촌 주택(살림집) 건설이다. 농촌살림집 건설은 2020년 태풍과 수해가 계기가 됐다. 당시 대규모 수해

| 북한 자강도 희천시에 건설된 농촌주택 ⓒ〈연합〉

를 입은 함경남도를 찾은 김정은 위원장은 수해 피해에 따른 생활 환경과 살림집 실태를 지적했다. 이후 해당 수해 지역에 5년 동안 2만 5,000세대의 살림집을 새로 지을 것을 주문했다(『한국농정』, 2023.8.5).

이렇게 시작된 농촌살림집 건설 사업을 통해 북한은 요즘 전국 곳곳에서 집짓기 공사가 한창이다. 살림집 건설이 속속 진행되면서, 북한 매체에는 새롭게 건설된 살림집과 집들이 모습을 지속하여 보도하고 있다. 살림집 건설에는 주택만 건설하는 것은 아니다. 유치원, 진료소, 문화회관 등 주민 생활에 필요한 여러 시설이 함께 건설되고 있다. 그야말로 농촌 마을을 일신시키고 있다.

살림집 건설과 관련하여 북한 당국은 지방에 시멘트 보장을 약속하였다. 특히, 김정은 위원장이 2021년 제8차 당대회에서 모든 시, 군들에 시멘트 1만t씩 보장하는 사업을 강하게 추진해야 한다고 언급한 뒤, 2022년 「시, 군건설세멘트보장법」이 제정되기도 하였다. 법에서는 시멘트를 농촌문화 수준이 낙후한 농장 가운데 알곡생산계획 수행률이 높은 농장부터 먼저 배정하고, 공급되는 시멘트는 농촌 살림집 건설에만 쓰도록 하고 있다.

식량문제 해결과 농촌발전을 위해 지방에도 다양한 농촌지원 임무를 주문하고 있다. 먼저, 다수확 운동을 진행하여 알곡을 정보당 10t 이상 내도록 추진하고 있다. 농촌 시설을 수리화, 전기화, 기계화하도록 하고, 농장원의 생산 의욕을 높이기 위해 성과에 맞는 평가 및 분배를 강조하고 있다. 농촌지역의 재정지원을 위해 협동농장의 국가 대부금을 전액 면제하는 조치도 취했다. 식량 증산과 농촌개발을 위한 종잣돈을 농민들에게 제공한 것이다.

그러나 여러 문제점도 나타나고 있다. 김정은 위원장은 새시대 농촌혁명강령 이후 농촌에 공급된 농기계들이 고장이 잦고 성능이 좋지 않아 실질적인 이용률이 높지 않은 점을 '밑 빠진 독에 물 붓기'라고 꼬집었다. 또한, 새로 건설된 살림집도 겉만 멀쩡하고 내부마감이 제대로 되지 않거나 전기·난방 공사를 제대로 하지 않는 사례를 언급하며 이런 식이면 1만t의 시멘트 지원도 의미가 없으며 이러한 폐단이 다시 나타나지 않도록 해야 한다고도 지적했다(『노동신문』, 2024.12.21).

새시대 농촌혁명강령의 실현은 앞으로의 북한 농촌을 좌우한다고 해도 과언이 아니다. 김정은 위원장이 직접 사업의 여러 측면을 살피며 추진 중인 만큼 성과가 있길 기대해 본다.

3
지방공업: 매년 20개 군을 10년간 발전시키자

국가가 지원하고 지방이 운영하는 '지방발전 20×10 정책'

2024년 새해부터 김정은 위원장은 직접 '지방발전 20×10 정책'을 발표했다. 매년 20개 군에 현대적인 공장을 건설해서 10년 안에 북한 주민들의 생활 수준을 끌어올리겠다는 것이 이 정책의 목표다.

이 정책의 궁극적 종착지는 지역 간 불균형 극복이다. 김정은 위원장은 "현시기 인민 생활을 향상하는 데 중요한 문제는 수도와

| 북한의 '지방발전 20×10 정책' 선전화 ⓒ〈연합〉

지방의 차이, 지역 간 불균형을 극복하는 것(『노동신문』, 2024.1.16)"이라며 지방발전 정책을 강력히 추진하겠다고 밝혔다. 지방 간 발전 차이, 특히 평양과 지방 사이의 격차는 꾸준히 지적되어 온 문제이다. 북한 당국은 10년 간 지방공업 건설 지원을 통해 각 지방의 성장을 도모하여 지방 간의 격차를 줄이고 온 국가가 균형적이고 골고루 발전하는 모습을 꿈꾸고 있다.

1962년 이래로 북한의 공업관리체계는 중앙공업과 지방공업으로 이원화돼 운영되고 있다. 중앙공업은 국가가 투자하고 직접 관리하는 반면 지방공업은 지방 자체의 힘으로 운영된다. 따라서 지방공업은 투자 규모나 경제성 측면에서 지속성을 유지하기 어려웠다. 또 지방간 경제력 차이도 지방공업의 균형적인 발전을 가로막는 문제였다.

'지방발전 20×10 정책'이 과거의 지방공업정책과 다른 점은 국가적인 지도사업체계를 수립하고, 자금과 자재, 노동력 등 일부를 국가가 적극 지원한다는 점이다. 김정은 위원장은 과거 지방공업정책은 각 지역 일꾼들의 태도와 능력, 경제적 잠재력에 따라 좌우될 수밖에 없었으며, 지방공업정책을 집행하기 위한 사업이 당·국가 차원에서 강력하게 진행되지 못한 점을 지적했다(『노동신문』, 2024.12.21).

김정은 위원장은 '지방발전 20×10 정책' 초기부터 직접 정책을 책임지고 챙기겠다는 강력한 추진 의지를 내비쳤다. 북한의 최고 권력기관인 노동당 조직지도부에는 조직비서가 이끄는 비상설 중앙추진위원회가 '지방공업 건설 지도과'라는 명칭 아래 세워졌다. 지방에는 도를 중심으로 정책 집행을 위한 계획과 지도가 진행된다.

지방공장건설은 군대가 지원한다. '조선인민군 124연대'는 2024년 초 지방공업공장을 건설할 목적으로 결성한 최초의 건설 전문 부대다. 부대 명칭은 '지방발전 20×10 정책' 추진을 결정한 당 중앙위 제8기 19차 정치국 확대회의 날짜인 1월 24일에서 비롯됐다.

자재와 기계 등도 국가에서 지원한다. 김책제철연합기업소와 대안중기계연합기업소 등 중앙의 대규모 기업들이 시멘트와 철강, 기계, 자재를 생산하여 지방에 공급하고 있다.

물론 매번 모든 것을 지원하지는 않는다. 북한 당국은 지방공업공장 건설 초기 건설에 필요한 중요 자원을 지방에 지원하고, 건설 이후에는 각 지방이 운영하도록 하고 있다.

창성에서 김화로, 지방발전 표본의 변화

앞으로 지어질 지방공업공장은 어떤 모습일까? 북한은 많은 정책에서 모범사례를 따라 배울 것을 강조했다. '지방발전 20×10 정책'의 모범사례는 김화군이다.

오랫동안 지방경제 발전의 아이콘은 창성군이었다. 지방경제 발전사의 중요한 시작점 중 하나인 1962년 8월 '지방당 및 경제일꾼 연석회의'가 창성군에서 열렸으며, 이후 '창성연석회의'라는 이름으로 기념되고 있다. 지방경제 건설 초기부터 창성군은 지방경제 발전의 본보기이자 지방공업 발전의 성지처럼 여겨졌다. 김일성 위원장을 포함한 3대 지도자들은 창성군을 꾸준히 방문하며 관심을 보여왔다.

김정은 정권 초기만 해도 지방경제 발전의 본보기는 창성군이었다. 김정은 위원장은 2012년 창성연석회의 50주년 기념행사를 기점으로 모범사례로서 창성군을 다시 강조하며 전국적으로 따라 배우기 사업도 진행하였다. 이 시기 창성에서는 식료공장, 직물공장 등에 최신 기계설비가 도입되고, 식료가공공장과 피복공장이 큰 규모로 새로 건설됐다. 군 소재지 중심거리에는 창성각과 국숫집이 증축되고, 은덕원(목욕탕 등 편의시설), 소년회관, 유치원, 탁아소가 새로 건설되었다.

2020년대 '지방발전 20×10 정책'을 이끄는 현대적인 공장 건설의 표본은 김화군이다. 강원도에 위치한 김화군은 면적의 80%가 산으로 이루어진 곳이다. 2021년 2월 제8기 제2차 전원회의에서 김정은 위원장은 김화군을 지방공업공장 본보기로 내세우면서 생활 조건이 제일 어렵고 경제 토대도 빈약한 곳으로 설명했다. 이러한 김화군에 김정은 위원장의 지방공장 현대화 지시에 맞춰 2022년부터 식료품 공장, 종이 공장, 의류 공장 등이 들어서기 시작했다.

시범사업으로 진행된 강원도 김화군 지방공업공장이 성공적인 사례로 평가되며 지방발전정책의 추진력을 더하고 있다. 김화군 지방공업공장은 간장, 된장 등 장류와 과자, 빵 등 10여 종 50여 가지 식료를 생산하는 식료공장을 비롯해 옷 공장, 종이 공장, 일용품 공장 등이 운영되고 있다. 북한 매체는 김화군 지방공업공장은 조업을 시작한 후 2년 동안 공업생산액이 2배 이상 성장했다고 보도했다(조선중앙통신, 2024.1.29).

앞으로 지방의 각종 공장은 김화군을 모델로 건설된다. 그러나 북한 당국은 무조건 똑같이 따라 할 것이 아니라 자기 지방의 특색에 맞게 건설을 추진할 것을 강조하고 있다.

앞으로의 10년은?

2024년 2월 28일 평안남도 성천군에서 '지방발전 20×10 정책'은 첫 삽을 떴다. 성천군의 첫 번째 착공식에 이어 각 지역의 착공식이 이어지면서 2024년 계획된 20개 시, 군의 공장 착공식이 완료됐다. 일부 착공식에는 노동당 조직지도부의 핵심지도부가 참석하여 적극적으로 지원하는 모습을 보였다.

'지방발전 20×10 정책'의 첫 공장 착공식 ⓒ〈연합〉

처음으로 착공된 성천군 지방공업공장이 10개월 만인 2024년 12월 20일에 준공된 것을 시작으로 나머지 지역의 공장들도 모두 완공되었다. 김정은 위원장은 성천군 지방공업공장 착공식에 이어 준공식에도 참석하여 앞으로의 '지방발전 20×10 정책'을 독려했다. 특히, 김정은 위원장은 "우리가 추진하는 사업들은 지난 시기 창성련석회의와 농촌테제에서 제시된 과업집행에서 허풍을 치고도 무난하던 때와는 본질적으로 다릅니다"라고 하며, 과거 잘못된 지방경제 발전 관행을 답습하지 않을 것이라고 못 박았다(『노동신문』, 2024.12.21).

'지방발전 20×10 정책' 2024년 추진 현황

도급	시, 군급	도급	시, 군급
평양시	–	황해남도	재령군, 은천군
남포시	온천군	황해북도	은파군, 연탄군
라선시	–	강원도	이천군, 고산군
개성시	장풍군	함경남도	금야군, 함주군
평안남도	숙천군, 성천군	함경북도	어랑군, 경성군
평안북도	구성시, 운산군, 구장군	량강도	김형직군
자강도	우시군, 동신군		

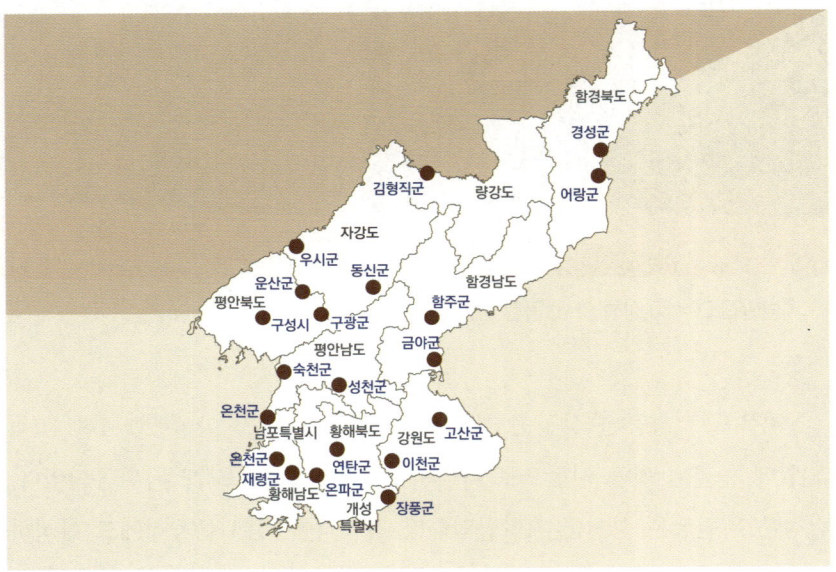

| '지방발전 20×10정책' 2024년 추진 현황

2025년 '지방발전 20X10 정책'의 두 번째 해가 시작되었다. 2025년에는 또 다른 20개 지역에 공장 건설이 진행된다. 여기에 보건시설, 복합형 문화중심, 양곡관리시설도 함께 건설된다. 평양처럼 물질생활뿐만 아

니라 문화 위생적 수준도 함께 확대하기 위한 북한 당국의 시도다. 이에 각 지역에서 지방공업공장뿐만 아니라 병원, 종합봉사소, 양곡관리소가 착공되는 소식이 전해지고 있다. 이와 동시에 2024년 국가의 지원 아래 건설된 공장들은 지방 자체로 정상적인 운영을 시작해야 한다. 이 두 개의 바퀴가 제대로 돌아가야 지방발전 정책은 성공한다.

김정은식 지방경제 발전이 본격적인 궤도에 오를 수 있을까? 김정은 위원장은 새 시대는 중앙이 지방을 부러워하는 시대가 될 것이라고 말했다. 앞으로의 10년이 그러한 시간이 될 수 있을지 지방경제를 중심으로 북한의 변화를 추적하는 것은 의미 있는 작업이 될 것이다.

4
세원의 다양화: 각자도생 지방재정의 원천

북한은 공식적으로 세금 제도가 없는 나라다. 그러나 다른 유형으로 세금은 여전히 존재해 왔다. 시장에서 장사하고 내는 '장세'가 그 대표적인 예이다.

김정은 시기에는 지방정부가 스스로 재정을 확충하고 활용할 수 있는 다양한 방법이 법제화되어 지방의 세수가 확대되고 있다. 여기에서는 김정은 시기 변화가 가장 뚜렷하게 나타나고 있는 편의 서비스와 부동산 부문을 중심으로 그 내용을 살펴보고자 한다(윤세라, 2024).

지방 재정수입의 주요 항목이 된 편의 봉사

북한의 편의 봉사는 남한의 서비스업을 가리킨다. 김정은 정권 이후 편의봉사 관련 세금은 지방재정의 주요 수입원이 되고 있다.

> **편의봉사**
>
> 북한 주민들의 생활편의를 위한 사회적 서비스로, 식당, 옷 가공, 미용, 이발, 목욕, 세탁, 각종 소비품의 수리, 숙박 등이 해당

　　북한 당국은 지방 자체로 주민들에게 봉사 서비스를 제공할 것을 늘 강조해 왔다. 그러나 지방경제가 생산도 충분히 하지 못하는 상황에서 봉사 서비스의 범위와 수준을 높이는 것은 한계가 있었다.

　　그러다 시장화 이후 주민들의 사경제 행위가 서비스업을 중심으로 나타나고, 2010년대에는 서비스 산업이 새로운 성장 산업으로 대두되는 등 상대적으로 서비스 부문이 발전했다. 지방정부 입장에서는 공고하게 발전한 각종 서비스 부문을 통해 재원을 마련할 기회가 생긴 것이다.

　　이에 김정은 정권은 「지방예산법」에서 지방의 봉사료 수입을 지방예산 수입에서 20~30% 이상을 차지하도록 명시하는 등 재정 확충에 적극적인 모습을 보인다. 단순히 재정확충만 강조한 것이 아니다. 김정은 정권 이후 「편의봉사법」이 제·개정되면서 지방정부는 편의 봉사와 관련한 계획, 편의봉사망 배치·이설·등록, 업종 확대, 영업허가, 계약 및 운영, 지도통제 등과 관련한 법적 권한을 부여받았다. 이를 토대로 지방정부는 각종 수입을 충당하고 있다.

　　실례로 「편의봉사법」에 따라 영업 관련 권한이 생긴 지방정부는 납부금 조정하여 세수 확대를 도모했다. 2022년 신의주에서는 개인이 운영하는 롤러스케이트장과 목욕탕 등을 검열하였다. 검열 중 문제가 된 것은 업장 안에 커피 판매점과 맥주 판매점을 허가 없이 설치한 것이었다. 커피 및 맥주 판매점을 설치함에 따라 새로운 영업 수익이 창출되었음에도 신고하지 않았기 때문이다. 이에 따라 납부금을 두 배로 부과하였다(RFA, 2022.11.18).

"새로 수정된 편의봉사법에 따라 봉사업종을 늘렸거나 변경했을 경우 월 납부금도 올려야 한다는 게 당국의 요구여서 해당 업체들은 정부에 바치던 기존 납부금의 두 배를 납부금으로 바쳐야 한다."

"국영명의로 편의봉사시설을 운영하는 개인 돈주들은 세금없는 나라라고 선전을 하더니 상인들의 돈 주머니를 털어낼 속셈으로 편의봉사법을 수정하면서 정부 납부금을 늘리고 있다."

(RFA, 2022.11.18)

2024년 양강도에서는 지방정부가 적극적으로 개인의 신규 사업 확대에 나섰다. 양강도 인민위원회는 도내 시, 군의 시장 매대와 개입 상업 매장의 재등록 및 신규 신청 사업을 시행하면서 자릿세만 내면 장사를 할 수 있도록 허용하고 있다. 시장 매대와 상업 매장 재등록은 매년 진행하고 있지만, 신규 매대 및 매장을 쉽게 승인하는 것은 이례적인 상황이다. 도 인민위원회는 시장 내 고정 매대와 더불어 개인이 원하는 장소나 길목, 집 대문 옆이나 집 울타리 안 등에도 매장을 꾸리고 장사할 수 있도록 하는 등 적극적으로 등록을 장려하고 있다. 지방정부가 나서 개인 장사를 도모하여 지방재정을 확충하려는 목적이다(Daily NK, 2024.3.29).

다양한 부동산 사용료 수입

사경제 행위는 다양한 부동산 이용을 전제로 한다. 김정은 시기 이후 지방 차원에서 다양한 부동산에 대해 사용료를 받으면서 재정을 확충하고 있다.

2000년대까지만 해도 지방예산의 부동산사용료 수입 대부분은 농업 토지 사용료와 종합시장의 시장사용료였다. 이 중에서도 농업을 주로 하는 지방은 협동농장들이 내는 농업 토지 사용료의 비중이 절대적이었다. '장세'로도 불리는 종합시장의 시장사용료는 신설 당시 목적 중 하나가 지방예산 수입 보장이었기에 지방예산 수입에도 영향을 미쳤다.

김정은 시기 이후 지방의 부동산사용료 수입은 토지, 건물, 자원, 도로 등 다양한 범위로 확대되었다. 식당, 미용실 등 가게뿐만 아니라 샘물 등 자원에도 이용세를 부과하는 사례가 전해지고 있다.

부동산사용료의 수취를 위해 지방정부는 개인사업자들에게 건물을 임대하고 있다. 미용실, 숙박시설, 사진관 등 생활편의 업종 운영을 위해 국유건물을 임대하고 사용료를 받는 것이다.

지방에서 직접 부동산 건설을 진행하기도 했다. 실례로 순천의 지방정부는 축적한 지방예산을 동원하여 도로 인프라 건설을 진행하고, 연포동 일대에 아파트 건설을 진행하였다.

2021년 평안남도 성천군에서는 샘물도 국가자원의 하나로 보고 '샘물세'를 부과하는 일이 일어났다. 지방정부가 샘물세를 부과하기는 처음인 것으로 알려진다(RFA, 2021.11.8).

> "샘물세가 그다지 비싼 건 아니지만 샘물장사꾼들 속에서는 장마당 장세를 악착스레 받고 있는 지방정부가 이제는 땅속의 물까지 국가 자원이라는 이유로 세금을 징수하는 것은 어처구니없는 일"
>
> (RFA, 2021.11.8)

요금을 인상해서 재정을 확보하기도 한다. 2023년 남포시에서는 토지사용료와 주택사용료를 인상했다. 집 앞에 개인이 만든 텃밭의 면적을 실측해 가구당 주택사용료에 포함하고, 주택이 사용하고 있는 땅도 실측하여 사용료를 통보하기도 했다(Daily NK, 2023.2.6).

사경제가 다양한 범위로 확대될수록 더욱 다양한 부동산이 활용될 것이 예상되기에 부동산 관련 조세는 앞으로 더욱 다양하게 징수될 것으로 예상된다.

5
해외투자 유치: 지방 경제개발구, 실행은 아직

지방도 대외협력 가능!

과거 북한에서 경제특구는 국가만이 할 수 있는 것이었다. 경제특구는 대외 개방을 전제로 하기에 국가가 개방을 통제하고 관리하는 선에서 진행되온 것이다. 남북 교류의 대표적 사례인 금강산, 개성공단도 이러한 특구 중의 하나다.

김정은 시기 들어 지방도 특구를 건설할 수 있도록 하였다. 김정은 시기 특구는 '경제개발구'라고 부른다. 북한은 2013년 경제개발구 개발을 추진하며 경제개발구를 중앙급과 지방급으로 나누고, 「경제개발구법」을 만

2014년 북한에서 열린 경제개발구 전문가 토론회 ⓒ〈연합〉

들어 주요 내용을 규정하였다. 2024년 현재 확인된 지방급 경제개발구는 19개이다.

북한 지방급 경제개발구

no.	명칭	연도	유형	주력사업
1	혜산경제개발구	2013	경제	수출가공, 현대농업, 관광휴양
2	만포경제개발구	2013	경제	농업, 관광휴양, 무역
3	위원공업개발구	2013	공업	광물자원 및 목재, 농토산물 가공
4	압록강경제개발구	2013	경제	농업, 관광휴양, 무역
5	와우도수출가공구	2013	수출가공	수출지향형 가공조립
6	송림수출가공구	2013	수출가공	수출가공, 창고보관, 화물운송
7	청진경제개발구	2013	경제	금속가공, 기계제작, 건재생산
8	온성섬관광개발구	2013	관광	외국인 대상 관광개발
9	어랑농업개발구	2013	농업	농축산기지, 농업과학연구단지
10	북청농업개발구	2013	농업	과수 및 과일종합가공, 축산업
11	흥남공업개발구	2013	공업	보세가공, 화학제품, 건재, 기계설비
12	현동공업개발구	2013	공업	정보산업, 경공업
13	신평관광개발구	2013	관광	유람과 탑승, 휴양, 체육, 오락
14	청남공업개발구	2014	공업	채취설비, 공구, 석탄화학, 무역
15	숙천농업개발구	2014	농업	농축산 등 생산 및 가공, 기술연구개발
16	청수관광개발구	2014	관광	압록강 관광
17	무봉국제관광특구	2015	관광	백두산 관광
18	경원경제개발구	2015	경제	전자, 수산물가공, 정보산업, 의류 및 식료가공, 관광
19	강남경제개발구	2017	경제	다수확우량품종육종, 사료생산, 첨단제품가공 및 임가공

*출처: 윤세라, 「북한 지방경제에 관한 연구」, 동국대학교 박사학위논문(2024), p. 57.

북한 당국은 왜 지방에 경제개발구를 운영할 수 있도록 한 것일까? 북한은 경제개발구를 통해 북한 전역을 발전시키고자 했다. 2013년 제정된 「경제개발구법」에 따르면 경제개발구는 "대외경제협력과 교류를 발전시켜 나라의 경제를 발전시키고 인민생활 향상에 이바지(국가정보원, 2024)"하는 것에 그 사명이 있다. 즉, 지방도 대외협력을 통해 경제를 발전시키도록 한 것이다.

   그동안 지방경제가 대외경제와 연결되는 지점은 지방무역밖에 없었다. 김정은 위원장은 여기서 나아가 지방의 한 구역을 특구로 지정하여 대외에 개방하고 경제적 성과를 창출할 수 있도록 창구를 열어준 것이다. 지방 경제개발구는 김정은식 지방경제 발전으로 평가할 수 있다.

지방의 개발 권한은 어디까지?

   「경제개발구법」에 따르면 지방급 경제개발구는 개발 관련 권한 중 많은 부분을 도(道)에 부여했다. 북한에서 도는 중앙과 지방의 시, 군을 연결하는 중간자적 역할을 한다. 개별 시, 군까지 자율적인 권한을 주진 않았지만, 개발 권한이 도 차원까지 분권화된 것에도 큰 의미가 있다.

   각 도(직할시) 인민위원회는 경제개발구의 계획을 세울 수 있다. 지역 국토건설총계획에 기초하여 경제개발구를 어떻게 개발하고 세부적으로 어떻게 진행할 것인지 지방 자체로 계획을 수립할 수 있다. 여기에 개발기업을 선정할 수 있는 권한도 가졌다. 각 지역에 맞는 사업 계획과 그에 맞는 사업 파트너까지 지방에서 직접 계획하고 검토하여 결정한다.

   과거 경제특구가 중앙에서 모든 것을 계획·통제·관리·실행했다면, 이제는 지방에서 자체적으로 개발에 대한 세부 사항을 정할 수 있도록 한 것이다. 다만, 모든 것이 지방에 권한이 있지는 않다. 경제개발구의 실무관리는 통일적으로 중앙기관인 대외경제성이 진행하도록 규정하고 있다.

아직 실현되지 않은 계획

대외 개방과 투자를 통한 성장이라는 원대한 목표와 달리 북한의 계속된 미사일 발사와 핵실험, 그에 따른 제재 강화, 북중·북미·남북 등 대외관계 악화 등에 따라 경제개발구는 실제로 시행되지 못하였다. 경제개발구 정책이 선포된 이후 단 한 곳도 제대로 추진된 곳이 없다.

국제사회의 환경적 제약, 북한 내부의 열악한 인프라 상황 등 경제개발구 추진은 아직도 요원해 보인다. 지방에서 대외 개방을 통하여 자유롭게 자기 지방을 발전시킬 수 있는 날이 오길 고대해 본다.

VII

대북 제재와 북한경제

정일영

외부와 단절된 국가란 존재할 수 있을까?

북한은 이 질문에 가장 가까운 답일지 모른다. 북한의 고립과 단절은 자의(自意)와 타의(他意)가 뒤섞인 결과이다. 한국전쟁이 발발한 시점부터 북한에 대한 국제사회의 제재는 거대한 장벽처럼, 유무형의 경계(境界)로 자리 잡아 왔다.

이제 북한의 경제를 말할 때 제재는 빼놓을 수 없는 상수가 되었다. 다만 국제사회의 대북 제재가 늘 같은 수위로 유지된 것은 아니다. 한반도 정세에 따라, 혹은 북한의 개방 정책에 따라 제재의 성격과 범위는 부침을 거듭해 왔다. 이 장에서는 김정은 시대의 대북 제재와 그에 따른 북한경제의 위기와 대응에 대해 논하려 한다.

제재, 특히 대북 제재란 무엇인가? 먼저, 제재(Sanction)란 "특정한 목적을 달성하기 위하여 규칙이나 관습의 위반 주체에게 일정한 제약을 가

이 글은 2020년 대한민국 교육부와 한국연구재단의 지원을 받아 수행된 연구임(NRF-2020S1A5B5A16082507)

하는 것"으로 "국제사회에서는 공동체의 안전을 위협하는 특정 국가나 집단의 행동 변화를 일으키기 위한 수단으로서, 여러 유형의 제재"를 가해 왔다. 구체적으로 대북 제재는 "북한의 핵·탄도미사일 등 대량살상무기(WMD)의 개발 중지 등을 목표로 북한에 정치·경제·외교적 불이익을 초래하는 압박을 가하는 것"을 의미한다(남북교류협력지원협회, 2024).

그렇다면 북한에 대한 제재는 언제부터 시작된 것일까? 아마도 북한이 핵무기를 개발하기 시작한 때를 떠올릴 것이다. 하지만 북한에 대한 제재는 북한이 대한민국을 침략한 이후, 즉 6.25전쟁이 발발한 때로부터 시작되었다. 당시 UN은 북한의 남침에 대응해 미국이 주도하는 UN연합군을 결성하였고 이때부터 대북 제재는 그 경중의 차이는 있을지언정 지금까지 이어져 왔다.

특히 미국은 6.25전쟁이 정전협정의 형태로 마무리된 이후, 「적성국교역법」(Trading with the Enemy Act of 1917)과 「대북제재강화법」(North Korea Sanctions and Policy Enhancement Act, 2016) 등 국내법과 바세나르협정(Wassenaar Arrangement, WA, 1994) 등의 국제협약, 그리고 UN안보리의 대북 제재 결의안 등을 통해 북한에 대한 제재를 주도해 왔다.

그렇다면 제재는 북한에 어떤 영향을 주었을까? 일상적인 국제사회의 대북 제재는 북한경제의 왜곡을 가져왔다. 북한은 6.25전쟁 이후 1956년 '경제에서의 자립'을 선언한 이후 스스로 고립을 추구해 왔다. 자립경제의 한계로 경제위기가 가중되는 상황에서 때때로 대외 개방을 추진했지만 성공하지 못했다. 북한에서 위기와 부족의 경제란 일상적인 것처럼 받아들여졌다.

김정은 시대의 북한경제는 이전에 없었던 강력한 UN안보리의 제재와 연이어 발생한 코로나-19 팬데믹으로 극단적인 고립상황을 맞이하였다. 더 이상 버틸 수 없을 것이란 우려에도 불구하고 북한은 아직 '생존'하고

| 2017년 북한의 6차 핵실험에 대응해 개최된 UN안보리 긴급회의의 모습 ⓒ〈연합〉

있다. 이 장에서는 이 불가사의(不可思議)한 상황을 대북 제재와 북한경제를 중심으로 돌아보려 한다.

 이 장에서는 다섯 개의 소주제, 즉 제재의 원리와 비밀, 영향과 이에 대응한 북한의 전략, 그리고 이후 전망에 대해 논하려 한다. 첫째, 대북 제재의 작동 원리는 무엇인가? 국제사회의 대북 제재는 북한과 외부를 오가는 돈과, 물자, 그리고 사람을 통제하는 데 초점이 맞춰져 있다. 둘째, 보이지 않는 대북 제재의 비밀은 미국의 독자 제재, 특히 세계 기축통화로서 달러의 힘을 이용한 금융 제재에 있다. 셋째, 대북 제재는 북한에 어떤 영향을 미쳤는지 대외 무역을 중심으로 알아본다. 중국 경제의 부흥과 그에 따른 낙수 효과를 공유하던 북한의 무역은 대북 제재와 코로나-19 팬데믹으로 위기에 처했다. 넷째, 국제사회의 대북 제재에 맞서 북한은 정면 돌파를 선언하였다. 자력갱생과 수입대체 산업화는 어떤 효과가 있었을까? 다섯째, 강력했던 대북 제재 레짐이 헐거워진 틈을 타 북한은 중국과 러시아에 접근하고 있다. 과연 북한의 출구전략은 성공할 수 있을까?

언젠가부터 우리는 제재가 없는 북한경제를 상상할 수 없게 됐다. 하지만 앞서 장들에서 다룬 것처럼 북한경제는 안으로부터 역동적인 변화를 맞이하고 있다. 이 장에서는 김정은 시대에 대북 제재가 작동하는 메커니즘을 알아보고 그에 대응한 북한의 출구전략을 분석함으로써 제재라는 유·무형의 경계와 공존하는 북한경제의 미래를 전망해 보려 한다.

1

제재의 원리: 사람, 돈, 물자를 막아라

핵 개발과 UN안보리의 대북 제재

북한에서 김정은 체제가 출범한 이후, 국제사회의 대북 제재는 북한의 핵 개발이 진전되는 단계마다 더욱 강화되었다. 특히 2016년과 2017년

핵무기연구소·무기급 핵물질 생산 기지를 시찰하는 김정은 위원장 ©〈연합〉

북한이 세 차례의 핵실험과 두 차례의 ICBM 발사 시험을 통해 핵 무장 단계에 이르자, UN 안전보장이사회(이후 UN안보리)는 전에 없었던 수위의 대북 제재를 단행하였다.

아래 표는 북한의 핵실험과 대륙간 탄도미사일 발사에 대응한 UN안보리의 제재 내용을 정리한 것이다.

북한의 도발과 UN 안보리의 대북 제재 주요 현황

북한도발		4차 핵실험	5차 핵실험	ICBM 발사	6차 핵실험	ICBM 발사
UN 결의안 2016.3		2270호	2321호	2371호	2375호	2397호
		2016.11	2017.8	2017.9	2017.12	
무역	북한 수출	석탄 (예외 인정)	(예외 조항 삭제)	(전면 금지)	섬유	식용품, 농산물
		금, 희토류		은, 동, 니켈, 수산물		
	북한 수입	–	–	–	원유 (400만 배럴)	–
					정제유 (200만 배럴)	50만 배럴
해외 노동자		–	우려 표명	파견 규모 동결	신규 노동 허가 금지	기존노동자 송환 (24개월 내)
금융과 투자		회원국내 북한은행 북한 내 회원국은행 폐쇄 (WMD 연관)	예외조항 삭제 (WMD연관)	조선무역은행 제재 신규합작, 기존투자 확대 금지	합작투자 전면금지 (기존사업의 경우 120일내 폐쇄)	–

*출처: 남북교류협력지원협회의 대북 제재 관련 자료를 중심으로 저자 작성

UN안보리가 주도한 대북 제재는 북한과 외부로 오가는 물자와 사람, 돈을 통제하는데 초점이 맞춰져 있다. UN안보리는 첫 번째로, 북한의 주요 수출품인 석탄 등 광물자원을 시작으로 섬유와 식용품, 농산물에 대한 통제를 강화했다. 뿐만 아니라 수입 품목에서 원유와 정제유에 대한 쿼터

량을 규정하는 등 대외 무역을 봉쇄해 나갔다.

두 번째로, UN안보리는 북한의 주요 외화수입원이었던 해외 노동자 파견을 순차적으로 규제하고 중국에는 기존에 존재하는 UN회원국 내 북한 노동자들을 송환하고 신규 노동 허가를 불허하였다.

세 번째로, UN안보리는 기존의 북한 투자 확대를 금지하고 북한에 대한 신규 투자를 금지했으며 UN회원국에 존재하는 북한 은행과 북한 내 회원국의 은행을 폐쇄조치 하였다.

이러한 조치들은 2016년 3월 북한의 4차 핵실험 이후 2017년 12월 북한의 ICBM 시험 발사까지, 북한의 세 차례 핵실험과 두 차례 ICBM 시험 발사에 대응해 2년도 안 되는 짧은 기간에 단행된 조치였다.

관련하여 김정은 국무위원장은 2018년 신년사에서 "지난해 미국과 그 추종세력들의 반공화국 고립 압살 책동은 극도에 달하였으며 우리 혁명은 유례없는 엄혹한 도전에 부닥치게 되었다"며 국제사회의 대북 제재를 비난하였다.

대북 제재의 핵심 고리, 중국

2016년부터 2017년 말까지 짧은 기간 동안 단행된 UN안보리의 대북 제재는 이전과 다른 강력한 제재 조항을 담고 있었다. 다만 UN안보리의 대북 제재가 강력한 힘을 발휘할 수 있었던 마지막 퍼즐은 중국이 쥐고 있었다. 중국은 북한의 동맹일 뿐만 아니라 북한의 대외 무역에서 절대적인 지위를 차지하고 있었기 때문이다.

국제사회의 대북 제재가 본격화되기 전인 2016년, 중국은 북한의 전체 대외 무역의 92.72%를 차지하고 있었다. 중국은 북한의 핵 무장이 동북아에서 안보 불안을 가중하고 중국의 경제발전 전략에 걸림돌이 될 것을 우려해 왔다. 결국 북한의 핵 무장이 가까워져 오자 미국이 주도한 강력한 제재 동맹에 동참했다.

중국은 북한의 대외경제에서 절대적인 비중을 차지해 왔다는 점에서 UN안보리 대북 제재의 핵심 변수라 할 수 있다. 결국 중국의 동참은 북한의 사람과 돈, 물자를 통제하려는 UN안보리의 대북 제재 퍼즐을 완성하는 결과를 가져왔다.

코로나-19 팬데믹의 나비효과

2020년 초부터 퍼져나간 코로나-19는 전 세계를 충격에 빠트렸다. 코로나-19 팬데믹은 전 세계에서 사람과 물자의 이동을 제한하는 결과를 가져왔다. 북한은 코로나-19가 중국의 국경을 넘어 확산하자 2020년 2월 즉각적인 국경봉쇄를 선언하였다.

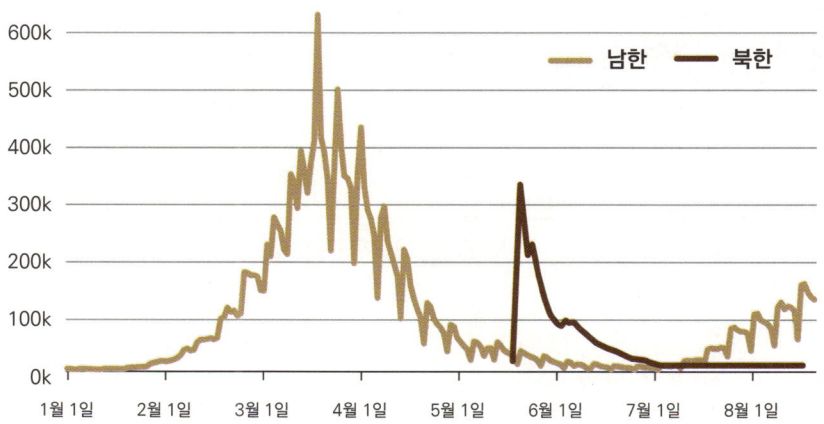

| 남북에서 코로나-19의 확산(2022)
*출처: 질병관리청(남), 대북협력민간단체협의회(북) (2022)

국경봉쇄로 북한은 외부와 단절된 상태를 감수해야 했지만 그만큼 전염병의 확산은 북한 체제에 제재보다 두려운 위협이었다. 한동안 스스로 코로나-19 청정국을 자처하던 북한은 2022년 5월 코로나-19의 확산을 막지 못했다.

그렇다면 대북 제재와 코로나-19가 무슨 상관인가? 아이러니하게도 코로나-19 팬데믹은 국제사회의 대북 제재가 거의 완벽하게 이행된 것과 같은 결과를 가져왔다.

> 대북 제재도 좀 어렵긴 하지만, 우리 쪽은 그것보다 국경봉쇄가 더 힘들어요. 코로나 때, 아마도 그게 제일 힘들꺼예요. 국경 봉쇄해서 중국 쪽을 왕래하지 못하니까. 우리처럼 작년에 온 사람들을 기차게 부러워한대요. 다행이지요. 지금은 강 들어서면 몽땅 총으로 쏘라 그런대요.
> (2019년 탈북, 여성 30대)

북한이 코로나-19 발생과 함께 국경을 '스스로' 봉쇄했기 때문이다. 김정은 위원장이 2022년을 회고하며 코로나-19로 인한 위기를 "국가 존망을 판가리"하는 위기였음을 고백한 것은 허언이 아니었을 것이다.

2
제재의 비밀: 무시무시한 달러의 힘

미국의 독자 제재

미국은 UN 제재와 별도로 독자 제재를 통해 북한을 봉쇄해 왔다. 특히 미국이 주도한 금융 제재는 그야말로 '어마무시'하다. 미국 재무부가 발표한 대북 제재리스트는 곧바로 전 세계 금융기관(은행)의 대북 제재 리스트로 등재돼 북한과의 환전, 송금, 무역을 차단하게 된다. 기축통화인 달러의 힘이 발휘된 것이다.

미국의 독자적인 대북 제재는 국내법과 주요 자금세탁 우려국 지정, 테러지원국 지정, 그리고 연방정부의 행정명령과 대북 제재리스트를 통해 이뤄졌다. 미국은 먼저「대북제재강화법」과 미국의 적국에 대한 제재법을 통해 독자적인 대북 제재를 제도화했다. 또한, 북한을 테러지원국과 자금세탁 우려국으로 지정함으로써 국내 법률에 따른 제재 근거를 마련하였다.

미국의 독자적인 대북 제재는 국내 법률에 근거한 행정명령을 통해 구체적으로 이행된다. 특히 재무부 산하 해외자산관리통제국이 대북제재리스트와 대북제재주의보를 발령하는 방식으로 제재 대상을 특정해 왔다. 미국 정부에 의해 제시된 대북 제재 대상은 미국뿐만 아니라 해외의 경제주체들이 제재 대상으로 감시하고 이들과 어떠한 경제적 교류와 금전적 관계를 맺지 않도록 강제되었다.

결국 미국의 독자적인 대북 제재가 강력한 힘을 발휘할 수 있었던 것은 대북 제재가 미국의 국내 법률에 기반하고 있으며 이를 관철하는 강력한 달러의 힘, 즉 금융 제재가 전 세계 금융시스템을 통해 작동하기 때문이다. 그렇다면 미국이 주도하는 금융 제대는 어떻게 작동하는지 알아보자.

금융 제재의 작동 원리

미국 재무부가 주도하는 대북 금융 제재는 해외자산관리통제국에 의한 대북 제재리스트 발표와 대북 제재 주의보 발령, 그리고 전 세계 금융기관(은행)에 대한 제재시스템 구축 유도의 방식으로 이뤄진다. 아래 그림은 국제사회의 대북 제재와 연동된 미국의 독자 대북 제재의 작동 메커니

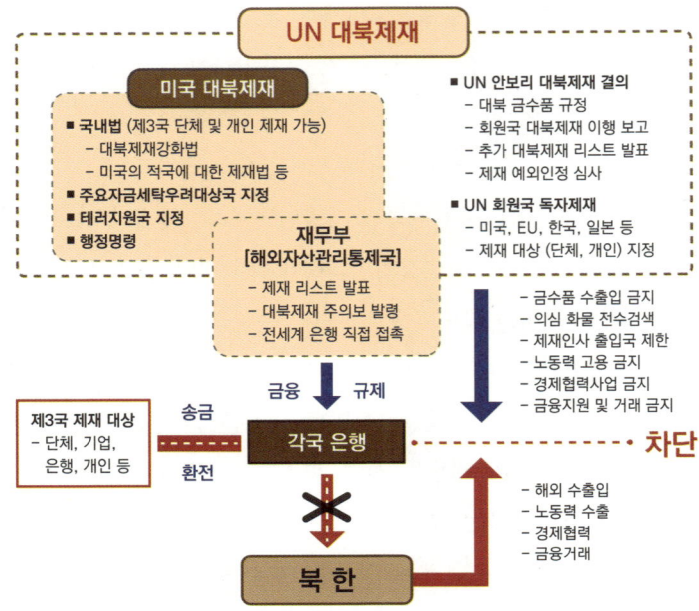

| 미국의 독자적 대북 제재 작동 원리 *출처: 저자 작성

즘을 정리한 것이다.

관련하여 미국은 자국의 대북 제재를 위반하거나 제재를 감시, 통제할 수 있는 시스템을 구축하지 못한 전 세계의 금융기관에 대해 계좌 제한, 자산 동결, 과징금 부과 및 형사고발 등을 통해 처벌해 왔다.

일례로 2017년 중국 단둥은행은 북한의 대량살상무기 및 미사일개발 프로그램과 관련된 기업들에게 수백만 달러의 자금을 불법적으로 제공하고 이들에게 금융서비스 제공했다는 이유로 미국 금융시스템 접근이 차단되었다. 또한, 2018년 러시아의 상업은행(Agrosoyuz Commercial Bank, ACB)은 북한 조선무역은행의 달러화 거래를 지원한 혐의로 미국으로부터 자금 세탁 우려 대상으로 지정된 바 있다.

제3자 제재, 세컨더리 보이콧

미국은 앞서 언급한 자국의 법률을 근거로 제3자에 대한 제재, 즉 세컨더리 보이콧이 가능하다고 주장한다. 미국의 세컨더리 보이콧은 미국이 지정한 제재리스트와 직접 거래한 대상뿐 아니라, 이들과 거래한 제3의 행위자(정부, 기업, 은행, 개인)까지도 제재 및 처벌하겠다는 것이다.

세컨더리 보이콧은 미국의 대북 제재를 위반한 제3국 정부와 기관, 기업과 개인을 제재 대상자로 지정하고 벌금을 부과하거나 심한 경우 미국 내 자산을 몰수하고 미국 금융시스템에서 퇴출할 수 있다. 이는 국제법상 내정간섭의 소지가 있으나 미국이 추진한다는 점에서 불가항력이다.

관련하여 미국 정부는 2017년 중국의 통신기기업체 ZTE(중싱통신)가 북한과 이란에 통신기기를 수출했다는 이유로 10억 달러의 벌금을 부과한 바 있다. 2024년 6월에는 이탈리아 로마에 본사를 둔 애니메이션 제작사 몬도 TV(Mondo TV)가 대북 제재 위반 혐의로 벌금 53만 8천 달러를 미국 정부에 지불하는데 합의한 바 있다.

세컨더리 보이콧의 작동 원리를 설명하면 아래 그림과 같다.

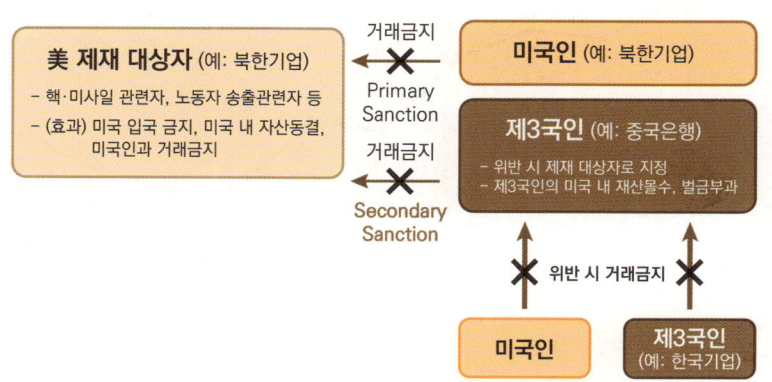

| 미국의 세컨더리 보이콧 *출처: 남북교류협력지원협회, https://sonosa.or.kr

세컨더리 보이콧은 미국의 독자적인 금융 제재와 함께 대북제재의 강력한 무기라 할 수 있다. 세컨더리 보이콧이 가능하다는 것만으로도 전 세계의 개인과 기업, 금융기관이 선제적으로 북한과의 링크를 차단하고 있기 때문이다.

3. 제재의 영향: 쪼그라든 대외 무역

대북 제재와 북한의 대외 무역

　국제사회의 대북 제재와 코로나-19 팬데믹은 북한의 대외 무역 축소로 이어졌다. 1960년대 이후 '자립적 민족경제', '자력갱생'을 강조해 온 북한이지만, 실상은 무역을 통해 국가 경제의 일정 부분을 유지해왔다. 2016년 UN의 대북 제재가 본격화된 이후 감소하기 시작한 대외 무역은

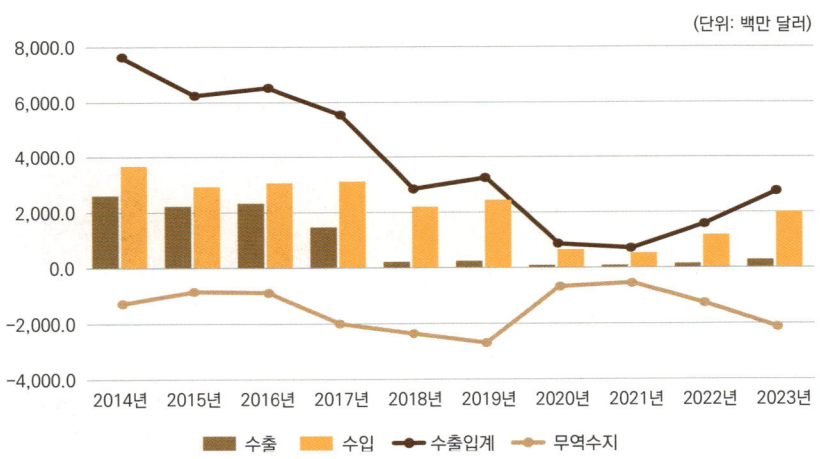

| 북한의 대외무역 동향 *출처: Kotra, "2023 북한 대외 무역 동향," (2024)

2020년 코로나-19 팬데믹으로 최악의 상황을 맞이하게 된다.

앞의 그림에서 보는 바와 같이 북한의 대외무역은 강력한 UN안보리의 대북 제재 결의안이 발효된 2016년 이후 감소하는 모습을 보이고 있다. 특히 국제사회의 대북 제재로 북한의 수출이 급격히 감소했음을 알 수 있다.

수출입 품목의 변화

그렇다면 국제사회의 대북 제재와 코로나-19 팬데믹을 전후하여 북한의 수출입 품목은 어떻게 변했을까? 먼저 2017년부터 본격화된 국제사회의 대북 제재는 북한의 수출을 거의 봉쇄하다시피 하였다. 다만 북한의 대외 수입은 북한 주민의 생계와 관련된 분야를 중심으로 허용되고 있다. 아래 그림은 2019년 이후 2023년까지 북한의 5대 수입 품목 추이를 나타내고 있다.

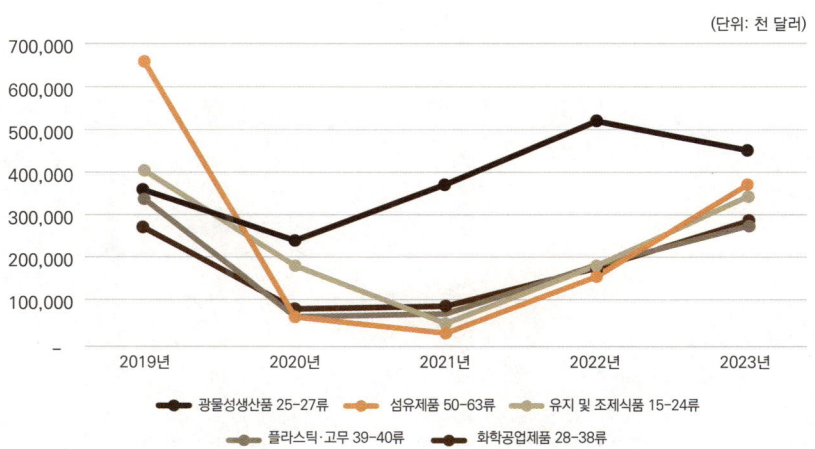

| 북한의 주요 5대 수입 품목 추이 *출처: Kotra, "2023 북한 대외 무역 동향," (2024)

앞의 그림에서 보는 바와 같이, 국제사회의 대북 제재와 코로나-19 팬데믹으로 감소했던 북한의 수입은 어느 정도 코로나 이전의 상황으로 회복되고 있다. 최근 5년간 주요 5대 수입 품목을 보면, 다른 품목에 비해 광물성생산품이 상대적으로 높게 나타나고 있고 섬유제품(HS CODE: 50-63류)과 유지 및 조제식품(HS CODE: 15-24류) 등이 전반적으로 회복되는 모습을 보이고 있다.

북한의 제재 회피전략과 국제사회의 대응

국제사회의 대북 제재는 북한의 대외무역에 상당한 타격을 가했으며 북한은 해상에서 선박 대 선박 간 선적 등의 방식으로 이를 회피하는 모습을 보였다. 관련하여 국제사회는 UN대북제재위원회를 중심으로 북한의 제재 회피전략을 분석해 확인된 제재 위반 대상들을 공개하고 관련 국가에 통보하는 등 이에 대응해 왔다.

다음 그림은 2024년과 2019년 UN대북제재위원회 전문가 패널보고서에서 제재 위반 사례로 제시한 북한의 해상 선적 사례들이다.

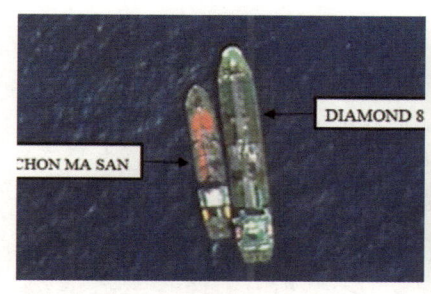 

| 북한의 제재 위반 해상 선적
*출처: UN대북제재위원회 전문가 패널보고서(2024.3/2019.3)

다만 2024년 4월 북한과 관련국들의 제재 위반 사례를 조사해 보고해 온 UN대북제재위원회 산하 전문가패널의 활동이 러시아의 반대로 연장되지 못하면서 한계에 봉착한 상황이다.

4
정면 돌파: 자력갱생과 수입대체 산업화

북한의 '정면 돌파' 선언

북한은 2017년 여섯 번째 핵실험에 성공한 이후 2018년 4월 당중앙위원회 전원회의를 통해 기존의 '경제·핵무력 건설 병진노선'을 '경제건설 총력집중노선'으로 전환하였다. 그러나 이전에 없었던 강력한 경제제재가 UN안보리 결의를 통해 이행되자 경제위기 상황에 봉착하게 된다.

2018년, 남북관계와 북미관계가 진전되며 새로운 변화를 모색하는 듯 했지만 이마저도 2019년 2월의 하노이 북미정상회담이 결렬되면서 북한은 다시 고립되고 만다. 결국 북한은 2019년 12월 개최된 조선노동당 제7

| 2019년 '정면돌파전'을 형상화한 북한의 포스터 ⓒ〈연합〉

기 제5차 전원회의를 통해 '자력갱생'을 통한 '정면돌파'를 선언하였다.

전원회의에서 김정은 위원장은 "우리의 전진을 저해하는 모든 난관을 정면돌파전으로 뚫고나가자!"는 구호를 제시하고, "자력갱생의 위력으로 적들의 제재 봉쇄 책동을 총파탄시키기 위한 정면돌파전에 매진"할 것을 강조하였다. 그러나 강력한 대북 제재와 함께 2020년 코로나-19 팬데믹이 덮치며 북한의 대외경제 상황은 최악의 상황에 놓이게 된다.

'자력갱생'으로 이겨내자

북한 당국은 국제사회의 대북 제재와 코로나-19 팬데믹으로 인한 국경봉쇄 상황에서 '자력갱생'을 대안으로 제시해 왔다. 북한에서 '자력갱생'이란 "오직 자체의 힘으로 온갖 난관을 물리치고 살아가는 것"으로, "혁명과 건설에서 모든 문제를 자체의 힘으로 끝까지 하려는 혁명정신과 투쟁원칙"으로 정의된다(국립통일교육원, 2021). 다만 '자력갱생'의 구호는 대외적 고립의 시기에 더욱 강조되어왔다.

2012년 정권을 이양받은 김정은은 "우리 인민들이 더이상 허리띠를 졸라매지 않고 부귀영화를 누리게 하겠다"고 강조했으나, 국제사회의 대북 제재가 지속되자 2019년 12월 "허리띠를 졸라매더라도 기어이 자력부강, 자력번영"을 이루자며 '허리띠를 졸라매자'고 주장하기에 이른다. 하지만 2020년 코로나-19 팬데믹은 북한 스스로 국경을 봉쇄하고 고립되는 결과를 가져왔다.

북한은 2021년 1월 개최한 조선노동당 8차 당대회에서 김정은 위원장이 직접 "국가경제발전 5개년 전략 수행 기간이 지난해까지 끝났지만 내세웠던 목표는 거의 모든 부문에서 엄청나게 미달"됐다고 실토했다. 결국 김정은은 경제 전반의 '정비와 보강'을 강조하고 대외경제 활동은 '자립경제의 토대와 잠재력 보완, 보강'의 역할로 축소하게 된다.

이 시기 북한은 스스로 국경을 봉쇄한 상황에서 내부자원을 최대한 동원해 소위 '버티기'에 몰두할 수밖에 없었다. 새롭게 제시된 '국가경제발전 5개년계획'은 국제사회의 대북 제재와 코로나-19 팬데믹에 대응하기 위한 '자립경제' 구축에 초점이 맞춰져 있었다. 특히 대북 제재로 재정비가 불가피한 금속공업과 화학공업을 정비하고 인민 생활과 직결된 농업과 경공업을 중심과업으로 제시하였다.

수입대체 산업화

2021년 8차 당대회에서 제시된 북한의 새로운 5개년 계획은 경제자립 구조를 정비, 보강하고 수입의존도를 줄이기 위해 국산 제품의 생산 증대를 강조하였다(국립통일교육원, 2024). 북한 당국은 주요 수입 품목이 감소한 상황에서 국산화와 재자원화와 같은 수입대체 산업화를 선택할 수밖에 없었다.

경제에서 대외의존도를 줄이기 위한 노력은 자본주의와 사회주의를 막론하고 지속되어 왔다. 다만 북한은 그 정도가 극단적이다. 북한은 전후 자립경제 노선을 통해 지속적으로 추진해 왔으며 대북 제재와 코로나-19 팬데믹 상황에서 수입대체 산업을 육성할 수밖에 없는 상황으로 내몰렸다.

수입대체 정책은 특히 개발도상 국가들이 강대국의 경제적 지배를 벗어나기 위해 자국의 산업을 보호하고 기업의 생산성과 이윤을 증가시키려는 목적으로 추진되었다. 관련하여 김정은 시대 북한의 국산화 정책은 일부 산업, 특히 소비재 분야에서 일부 성공을 거둔 것으로 평가된다(양운철, 2019). 다만 여전히 낮은 기술 수준과 부족한 자본으로 인해 산업 전반에서 수입대체 산업화의 성과를 달성하기는 어려울 것으로 보인다.

관련하여 북한은 만성적인 경제위기, 특히 대북 제재와 코로나-19 팬데믹으로 인한 절대적 고립상황에서 국내 산업에서 재자원화를 강화하고 있다. 북한에서 재자원화는 "공장의 생산 과정에서 발생하는 폐설물 및 부산물, 재활용 가능한 자재들을 활용하여 상품을 생산하거나, 공장 가동을 위한 에너지로 재처리하여 이용하는 북한의 내부 예비를 활용한 생산 방침"을 뜻한다(국립통일교육원, 2021). 여기에 주민들의 '파철수집'까지, 전국적으로 재자원화가 강조되고 있다.

과학기술의 발전 또한 수입대체 산업화의 중요한 과제로 강조되고 있다. 다만 수입 대체의 효과가 제한적이며, 외부의 도움 없는 기술 발전 또한 일정한 한계가 명확한 상황에서 수입대체 산업화가 어느 정도 효과를 발휘할 수 있을지 의문이다.

5
뉴 플랜: 제재의 이완과 새로운 출구전략

미-중, 미-러 갈등과 새로운 출구전략

　강고했던 국제사회의 대북 제재는 미국과 중국의 전략경쟁이 격화되고 우크라이나 전쟁으로 미국과 러시아 관계가 악화하면서 점차 이완되기 시작했다.

　북한이 미사일 시험 발사를 지속하는 등 무력 도발을 지속함에 따라 미국 등 국제사회는 UN안보리에서 추가적인 대북 제재 결의안을 추진하였다. 그러나 더 이상의 추가적인 대북 제재는 진행되지 않았다. 중국과 러시아가 대북 제재 결의에 대해 거부권을 행사했기 때문이다. 관련하여 2022년 이후 북한과 중국의 무역, 특히 북한의 수입이 코로나-19 팬데믹 이전으로 회복되는 모습을 보이고 있다.

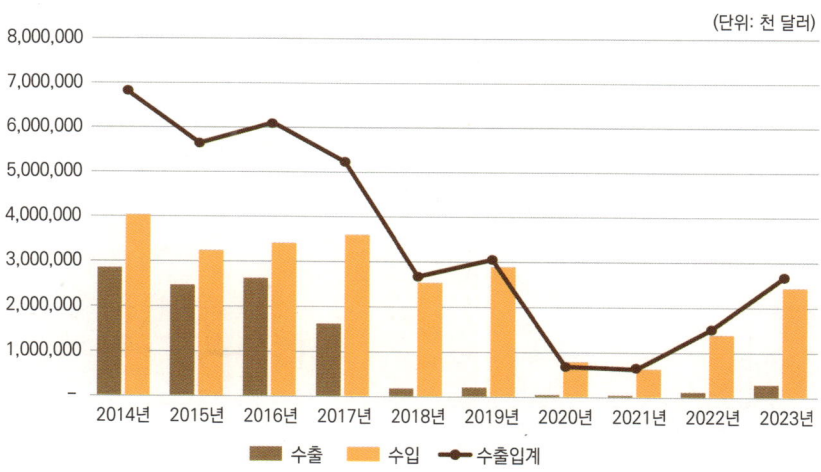

| 북한의 대중 무역 추이 *출처: Kotra, 「2023 북한 대외무역 동향」, Kotra (2024)

2024년 북한의 대중 수출은 전년 대비 19.4% 증가한 3억 4,832만 달러를 기록했다. 대중 수출 총액의 54%인 1억 8,939만 달러는 '조제깃털·솜털·인모'였으며, '광석·슬래그'(4,655만 달러), '광물연료·광물유'(2,220만 달러), '합금철'(2,140만 달러), '시계 및 부품'(1,659만 달러) 순이었다. 이 중 가발 제품은 미국 국토안보부가 북한 가발이 중국산으로 둔갑하고 있다고 경고하면서 부침을 겪고 있다.

북한의 품목별 대중 수출액 변화(2019~2024년) (단위: 만 달러)

HS코드	품목명	2019	2020	2021	2022	2023	2024
67	조제깃털·솜털·인모	3,405	247	37	1,170	16,704	18,939
26	광석·슬래그	2,129	562	60	4,457	3,311	4,655
27	광물연료·광물유	1,143	1,184	1,694	2,038	2,226	2,220
72	합금철	3,377	1,144	2,681	2,774	3,381	2,140
91	시계 및 부품	4,948	679	360	181	419	1,659
28	무기화학물질	424	34	108	435	585	696
95	장난감 및 부품	967	67	0	30	54	618

*출처: 중국해관총서; IBK기업은행 경제연구소, 「2024년 연간 北-中 무역 통계」(2025.2.18.) 재인용

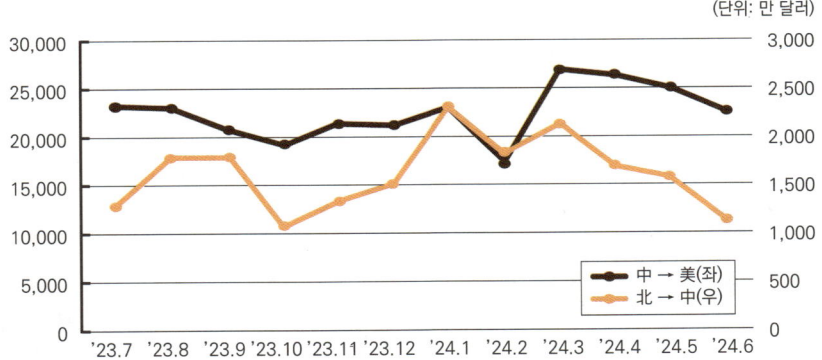

❙ 중-미, 북-중 가발제품 수출
*출처: IBK기업은행 경제연구소, 「'24년 6월 北-中 무역통계 동향」(2024.7.31)

UN안보리 상임이사국으로 대북 제재 동맹의 핵심축이었던 미국과 중국, 러시아의 갈등이 증폭되면서 북한은 대러, 대중 관계를 강화하기 위해 노력해 왔다. 특히 북러관계가 빠르게 복원되고 있다. 북한과 러시아는 2023년 11월 15일 제10차 경제공동위원회를 열고 "무역, 경제, 과학기술 등 각 분야 다방면적인 쌍무교류와 협력사업을 활성화"하는 내용의 의정서를 체결했다.

북러관계는 2024년 또 한 단계 도약하였다. 푸틴 러시아 총리는 2024년 6월 19일 북한을 방문해 김정은 북한 국무위원장과 정상회담을 갖고 '조선민주주의인민공화국과 러시아연방 사이의 포괄적인 전략적 동반자 관계에 관한 조약'을 체결하였다.

북한과 러시아는 북러조약 제4조에서 "쌍방 중 어느 일방이 개별적인 국가 또는 여러 국가들로부터 무력 침공을 받아 전쟁상태에 처하게 되는 경우, 타방은 유엔헌장 제51조와 조선민주주의인민공화국과 러시아연방의 법에 준하여 지체없이 자기가 보유하고 있는 모든 수단으로 군사적 및 기타 원조를 제공"하는데 합의하였다. 이는 과거 북한과 소련의 동맹 수준에는 미치지 못하나, 상당히 강력한 상호 군사원조를 규정함으로써 북한이 러시아에 전투병을 파병하는 근거 조항이 되었다.

또한, 국제사회의 대북 제재를 무력화하기 위한 근거(제10조, 제16조)를 마련했다. 구체적으로 북러는 "무역경제, 투자, 과학기술분야들에서의 협조의 확대 발전을 추동"하고, "호상무역량을 늘이기 위하여 노력"하며, 1996년 11월 28일에 채택된 북러 간 "투자장려 및 호상보호에 관한 협정에 따라 호상 투자를 장려하고 보호"하는데 합의하였다.

이와 같이 북한은 중국과 러시아, 특히 러시아와의 관계 개선을 통해 대북 제재 레짐의 일각을 무너뜨리고 새로운 출구전략을 모색하고 있다.

제재 회피전략, 관광사업

국제사회의 대북 제재와 코로나-19 팬데믹으로 인한 고립은 분명 북한의 벼랑 끝으로 몰아세웠다. 그러나 북한은 2020년 들어 스스로 국경을 봉쇄한 이후 3년을 버텨내고 있다. 엄청난 내구력이 아닐 수 없다. 제재와 위기가 일상화된 북한의 자화상일지도 모른다.

다만 북한이 이 위기를 버텨냈다고 해서 이를 극복했다고 할 수 없다. 그렇다면 외부로부터 봉쇄된 북한의 대응 전략은 무엇일까? 가장 먼저 관광사업을 들 수 있다. 대북 제재가 본격화되기 전부터 김정은 위원장은 관광사업에 눈을 돌렸다. 무엇보다도 관광은 대북 제재 대상이 아니라는 점에서 포스트 코로나 시대에 북한경제의 탈출구가 될 수 있다.

이런 이유로 김정은 정권은 코로나-19 팬데믹 직전까지 원산갈마해안관광지구와 삼지연시 개발사업, 그리고 양덕온촌문화휴양지 등 관광지 개발사업에 국가적 역량을 투여했다.

2018년 중국 신화통신과 인터뷰한 북한 관광총국 관광선전국장은 북한을 관광한 외국인 수가 약 20만 명으로 이 중 90%가 중국인이라 밝힌 바 있다. 북한은 국제사회의 대북 제재가 강화되는 상황에서도 관광사업에 대한 투자를 늘려갔지만, 코로나-19 팬데믹에 대응해 북한 스스로 국경을 봉쇄하면서 중단할 수밖에 없었다. 이제 4년간 중단되었던 북한 관광이 재개되고 있다. 북한은 2025년 평양과 나선 관광을 시작으로 평양국제마라톤대회 투어와 원산갈마관광지구 개장을 예고하고 있다.

북한의 관광이 재개된다면 단기적으로는 수천만 달러, 중장기적으로는 1억 달러 이상의 관광 수입을 거둘 것으로 예상된다(이상근, 2023).

2024년 푸틴 러시아 대통령과 김정은 국무위원장의 정상회담 모습 ⓒ〈연합〉

제재 무시전략, 러시아 파병과 무기 수출

북한은 미-중, 미-러 관계가 악화하고 있는 상황에서 러시아와 중국을 통해 새로운 출구를 개척하고 있다. 북한은 특히 우크라이나 전쟁에서 어려움을 겪고 있는 러시아에 전투병을 파병하고 무기를 수출함으로써 탈출구를 모색하고 있다.

관련하여 국가정보원은 북한이 2024년 10월 러시아-우크라이나 전쟁에 특수부대 1,500여 명을 파병했다고 밝혔다. 북한군의 동향을 밀착 감시하던 중, 북한이 러시아 해군 수송함을 통해 특수부대를 러시아 지역으로 수송하는 것을 포착했다는 것이다(국가정보원, 2024).

북한은 또한 대러 무기 수출을 통해 경제위기를 극복하려 하고 있다. UN대북제재위원회 전문가 패널보고서(2024)에 따르면, 러시아 선박이 북한 나진항에서 실은 컨테이너들이 러시아 블라디보스토크 두나이항을 거쳐 육로를 통해 우크라이나 접경지에 위치한 탄약고로 이송된 것으로 의심했다. 아래 사진은 전문가 패널보고서에 보고된 북한 무기의 이동 경로와 인공위성 사진을 정리한 것이다.

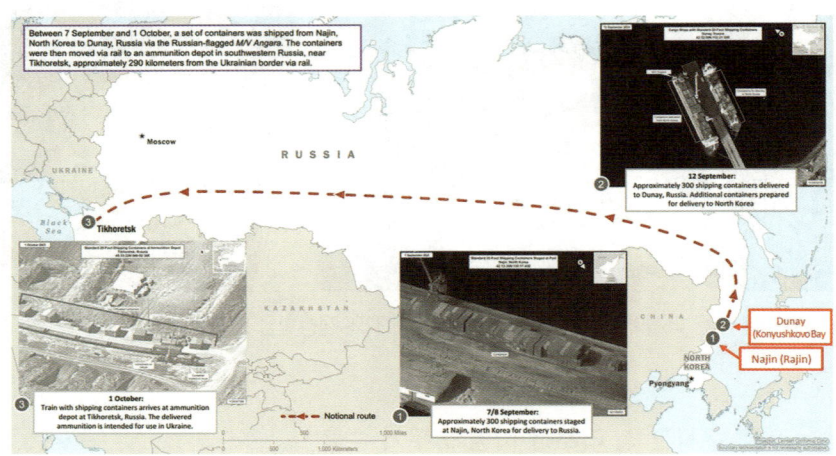

| 북한의 대러 무기 수출에 관한 보고서 *출처: UN안보리 대북제재위원회 전문가 패널보고서(2024.3.7)

    관련하여 우크라이나에서 현장 조사를 진행한 전문가 패널들이 우크라이나 하르키우시에서 수거된 마시일의 잔해가 북한의 화성-11형 계열의 미사일에서 나온 것으로 보고한 바 있다.

    UN안보리가 강력하게 규제하고 있던 해외 노동자 파견도 대북 제재 동맹이 느슨해진 틈을 타 재개되고 있는 것으로 파악된다. UN대북제재위원회 전문가 패널보고서(2024)에 따르면, 현재 대략 40여 개 국가에 약 10만 이상의 북한 노동자들이 건설과 IT분야 등에서 일하는 것으로 추정된다.

    전문가 패널보고서는 또한 북한의 사이버 공격으로 의심되는 사례가 2017년부터 2023년까지 총 57건으로 피해 추정액은 약 29억 달러에 이른다고 주장하였다.

대북 제재와 북한경제의 미래

　미-중, 미-러 간 갈등이 지속되는 상황에서 한반도 주변 정세가 요동치고 있다. 미-중 전략경쟁과 우크라이나 전쟁 등 미-러 간의 갈등이 지속되는 상황에서 국제사회의 대북 제재는 과거의 강력했던 힘을 잃어가고 있다. 북한의 미사일 시험 발사가 지속되고 있으나 추가적인 대북 제재는 러시아와 중국의 거부권 행사로 어려움을 겪고 있다.

　공고했던 국제사회의 대북 제재 레짐이 이완되는 상황에서 북한은 새로운 출구전략을 모색하고 있다. 그 시작은 북러 경제협력과 함께 관광사업의 재개가 될 가능성이 높다. 다만 더 강력한 케릭터로 다시 돌아온 트럼프 미국 정부의 한반도 정책과 북미대화의 재개, 그리고 한국 정부의 대응에 따라 북한경제의 미래 또한 부침을 거듭할 것으로 보인다.

VIII

북한경제는 아직 살아있습니다만

김영희

다시 질문해 본다. 김정은 시대의 북한은 변하고 있는가?

언제부터인가 우리는 북한을 변하지 않는 대상으로 화석화해 왔다. 하지만 북한은, 북한의 경제는 끊임없이 변화하며 생존을 추구하고 있다. 북한의 변화를 제대로 이해하지 못한다면 우리는 존재하지 않는 북한을 상대할지도 모른다. 뿌연 안개를 걷어내고 북한경제의 변화를 이해하려는 노력을 멈추지 말아야 한다.

이 책에서는 김정은 시대의 북한경제를 분야별로 나누고 어떤 변화가 일어나고 있는지 분석하였다. 분석 결과 북한경제의 변화는 특히 북한 주민들의 일상생활, 미시 공간에서 다양한 형태로 진행됨을 알 수 있었다. 국제사회의 대북 제재와 코로나-19 팬데믹을 거치며 붕괴할 것만 같았던 북한경제는 생존을 위해 새로운 출구를 찾아 몸부림치고 있었다. 이러한 변화는 북한 당국이 아닌 북한 주민들, 각각의 경제주체들에 의해 추동되고 있다.

이 장에서는 북한경제가 김정은 시대에 어떤 변화를 겪고 있는지 각 장의 분석 결과를 정리해 본다.

김정은의 경제정책은 시장친화적

김정은 시대 북한의 경제정책은 이행 여부를 떠나 그 변화가 눈에 띄게 나타난다. 먼저 국가의 발전전략을 '국방공업 우선'에서 '경제·핵 병진'으로 전환했다. 얼핏 보면 병진 전략은 경제보다 전쟁 억제를 위한 국방을 더 강화하겠다는 것으로 보이나, 이는 오롯이 방위에만 초점을 둔 김정일의 국가발전전략과 큰 차이가 있다.

국가재정을 핵무기와 재래식 무력 개발에 우선 투자하던 김정일과 달리 김정은의 경제정책은 한쪽으로 핵무기 개발을 하면서도 경제를 소홀히 할 수 없다는 전략, 다시 말해 핵 개발과 경제라는 두 마리 토끼를 한 방에 잡겠다는 전략이다. 그 결과 북한 역사상 처음으로 김정은식 '개발 있는 독재'가 시작되었고 전 국가적인 산업개발과 주택개발 등 발전전략이 지금도 진행 중이다.

김정은의 경제정책은 또한 중앙에 집중되어 있던 경제운영권을 지방과 기업으로 확대하고 있다. 김정은 체제가 출범한 이후 현실의 요구를 반영한 새로운 경제관리방법을 추진한 것이다. 그 좋은 예가 바로 '사회주의 기업책임관리제'를 통해 기업에 경영권을 부여한 것이다. 이를 통해 경영활동 책임이 국가(중앙)에서 지방과 기업 등 여러 경제주체로 이전되었다. 이러한 경제관리방법은 사회주의 계획경제를 주창하는 북한과는 다소 동떨어진, '시장 중심'의 경제관리방법이라 할 수 있다.

김정은은 또한, 자신만의 대외개방정책도 추진중이다. 2013년 10월, 김정은은 비공개로 열린 경제부문 책임일꾼 회의에서는 "경제발전을 위해 자본주의 침투를 두려워하지 말고 대담하게 대도시와 국경을 개방하라"고 지시한 것이다. 그 결과로 2013년 11월 13개의 경제개발구가 지정되었고 27개의 경제개발구로 확대되었다. 이는 외자를 통한 지역개발로, 대외 개방정책으로 외화 수입을 추구했던 김정일 시기 그것과는 다른 접근이다. 비록 국제사회의 대북 제재로 해외투자는 제대로 이뤄지지 않았지만, 외국 기업에 문호를 개방한 것은 긍정적으로 평가할 수 있다.

김정은 시대의 경제정책 변화는 산업개발과 인재 개발 부분에서도 두드러지게 나타난다. 특히 건설을 '21세기 문명개화기를 열어가는 중요한 사업'으로 규정하고 위락시설보다는 산업시설과 주택건설을 중점적으로 추진하고 있다. 최근에는 '지방발전 20×10 정책'을 통해 지방 개발도 한창이다. 관련하여 청천강계단식발전소, 세포축산기지, 고산과수농장, 원산갈마해안관광지구, 삼지연관광지구, 온천관광지구 등 국가 차원의 산업시설이 대거 건설되었다.

김정은은 또한 산업혁명의 본질은 과학기술 혁명이고 경제강국의 지름길은 첨단과학기술이라 강조하면서 '전민과학기술인재화'정책을 추진하고 있다. 전민과학기술인재화는 모든 주민이 대학 졸업 수준의 과학기술 지식을 가지고 다양한 문제들을 해결할 수 있는 '지식형 근로자', 과학기술 발전의 담당자가 되어야 한다는 것이다. 이를 위해 전국적인 과학기술보급망 설치, 과학기술전당 건설, 교육과정 개편 등 과학기술 인재 양성을 위한 시스템 구축을 다그치고 있다. 과학자·기술자들에게는 아파트 공급과 '공화국영웅' 칭호, '2.16과학상' 등 물질적, 정치적 포상을 강화하고 있다.

김정은 시대의 경제 환경은 사실 호락호락하지 않다. 8년째 지속되는 국제사회의 고강도 대북 제재, 코로나-19 팬데믹, 그리고 자연재해 등 다양한 경제적 악재가 이어졌다. 그럼에도 북한의 경제체제가 유지되는 것은 이와 같은 시장친화적인 정책 변화 때문이다. 북한은 앞으로도 국제사회의 대북 제재 속에서 국내적으로 시장친화적 경제정책을 추진함으로써 국가경제 붕괴와 주민 생활의 어려움을 극복해 나가려고 할 것이다.

기업 전성기의 서막이 열리다

언젠가부터 '시장'을 빼고 북한경제를 설명할 수 없게 되었다. 북한 당국에게도, 북한 주민들에게도 시장은 생존의 공간이 된 것이다. 김정은 시대 기업 역시 새로운 권한들을 위임받으면서 북한 경제에서 주요한 경제주체로 부상하였다. 북한 당국은 기업에 ①계획권, ②재정관리권, ③생산물의 가격제정권과 판매권, ④생산조직권, ⑤무역과 합영·합작권, ⑥제품개발권, ⑦품질관리권, ⑧관리기구와 노력(노동)조절권 ⑨인재관리권 등 9개의 경영권을 부여했다. 물론 북한이 계획경제를 표방하는 가운데, 기업 경영권의 자율성에는 한계가 있지만, 김정은 시대에 들어서면서 기업들은 공식적으로 자체적인 '경영' 활동을 수행할 수 있게 되었다.

김정은 시대 기업경영의 변화를 살펴보면, 기업은 자체적으로 경영자금을 마련해야 한다. 여전히 일정 부분 중앙에서 지원하는 물자와 자금이 존재하지만, 경영하기에는 턱없이 부족하다. 김정은 시대의 기업은 종합시장, 각종 전시회 등을 통해 자체적인 판매 활동이나 은행 대출, 주민 투자, 무역 등으로 경영자금을 마련해야 한다.

이제 기업은 '좋은' 상품을 생산하기 위해 노력한다. 우리에게는 익숙한 기업의 역할이지만, 생산팀을 조직하여 신제품을 개발하고 그 품질을 관리하는 것 또한 김정은 시대에 나타난 변화 중 하나이다. 기업들은 제품을 더 많이 판매하기 위해서 품질에 더 신경 쓰게 된 것이다.

원자재의 경우, 필요한 원료와 자재 일부만을 중앙에서 보장하고 나머지는 기업 자체로 해결해야 한다. 다만 원자재 수급이 어렵다보니 북한 당국은 '자력갱생'으로 절약과 '재자원화'를 강조하고 있다. 기업의 부족한 원자재를 절약과 '재자원화'로 해결한다는 것은 신기루에 가깝지만, 향후 '재자원화'를 통한 북한과의 다양한 교류 협력 사업을 그려볼 수 있을 것이다.

김정은 시대의 기업관리에서 가장 큰 변화 중 하나는 '마케팅' 활동이다. 이제 북한에서도 기업의 판매실적이 무엇보다 중요한 과제이다. 기업의 경영권 확보로 판매실적, 경영자금까지 자체적으로 관리해야 하기 때문이다. 많이 팔려면 홍보는 필수다. 김정은 시대 북한 기업은 생산되는 제품에 '브랜드'를 만들고 '산업디자인'을 강조하고 있다.

김정은 집권 이후 기업에 부여된 경영권은 북한 기업 전성기의 서막을 연 신호탄과도 같다. 경영권이 부여된 북한의 기업활동이 어떻게 변화하는지 탐구하는 것은 김정은 집권 이후 북한의 경제를 이해할 수 있는 실마리가 될 것이다.

소비재시장은 북한경제의 텃밭

김정은 시대가 열리며 북한의 소비재시장도 놀라운 변화를 맞이했다. 몇십 년 전만 해도 배급제가 전부였던 곳, "정부가 주는 양식 없이 살 수 있을까?"라는 걱정이 지배적이었던 그 땅에서, 이제는 사람들이 직접 시장에 나가 물건을 사고파는 모습이 당연한 일상이 되어버렸다.

이러한 변화는 2002년 '7.1 경제관리개선조치'와 곧 이은 종합시장이라는 새로운 형태의 시장이 생겨나면서 시작되었다. 과거 음침하고 은밀했던 장마당이 국가 주도의 종합시장으로 탈바꿈한 것이다. 지금 북한 전역에는 400개가 넘는 종합시장이 운영되고 있다. 이제 이곳에서는 중국산 물건부터 고급 한국산 제품 그리고 저가의 북한 상품까지 다양한 상품들이 거래된다. 이와 같이 다양한 상품 속에서, 소비자들은 자신의 지갑 사정에 맞게 물건을 선택할 수 있게 되었다. 북한 시장에는 "없는게 없다!"라는 말이 딱 들어맞는 상황이다.

흥미로운 사실은, 이런 변화가 처음부터 계획된 게 아니었다는 점이다. 이는 순전히 주민들의 생존 본능에서 시작되었다. 1990년대 '고난의 행군' 시기, 배급 시스템이 붕괴되자 사람들은 살아남기 위해 장마당을 찾아갔다. 처음에는 불법이었지만, 시간이 지나면서 공식적으로 인정받으며 종합시장으로 자리 잡게 되었다. 그리고 지금은 북한 경제를 떠받치는 중요한 축으로 성장했다. 심지어 시장에서 발생하는 수수료는 국가 예산의 주요 자원이 되어 재투자되고 있는 것으로 알려져 있다. 이 정도면 소비재 시장은 북한 경제의 중심축으로 볼 수 있지 않을까?

김정은 시대의 시장은 변신을 꾀하고 있다. 먼저 시장 구조도 확 달라졌다. 예전에는 외딴 변두리에 숨어 있던 시장들이 이제는 도시 한복판으로 들어와 주민들에게 훨씬 더 가까워졌다. 내부도 깔끔하게 정리돼, 쇼핑이 불편하지 않다. 음침했던 공간이 아니라, 주민들의 발걸음을 이끄는 '가고 싶은 곳'으로 탈바꿈한 것이다.

또 다른 변화는 북한의 다양한 경제주체들이 자신이 만든 상품을 시장에 유통시키고 있다는 점이다. 그리고 이제는 'made in DPRK' 상표를 단 북한산 제품들도 중국의 상품들과 경쟁할 수 있게 되었다. 선택지가 늘어나니 북한의 소비자들도 다양한 상품을 비교하며 쇼핑하는 재미를 느끼고, 시장은 점점 더 활기를 띠고 있다.

이 변화를 단순히 경제적 변화로만 보긴 어렵다. 시장은 이제 주민들의 삶과 일상에 깊이 스며들어 북한 사회 전반에 새로운 흐름을 만들어내고 있다. 그리고 이 모든 변화는 묘한 호기심을 자극한다. "시장에서 시작된 작은 변화가 북한과 주민들의 삶을 어디까지 바꿔놓을까?" 그리고 "이 작은 움직임이 북한의 변화를 이끄는 거대한 물결이 될 수도 있지 않을까?"라는 의문이 든다.

특히, 미래세대인 MZ 세대에게는 이런 북한의 변화가 흥미로운 이야기가 될 수 있을 것이다. 시장이라는 무대 위에서 싹트고 있는 이 작은 씨앗들이 앞으로는 북한의 경제와 사회를 뒤흔드는 거대한 바람이 될지도 모르기 때문이다. MZ 세대답게, 호기심 어린 눈으로 이 변화를 바라본다면, 시장이 만들어내는 새로운 북한의 모습을 보게 될 것이다.

생동감이 넘치는 노동시장의 변화

북한의 변화를 이야기할 때 우리가 가장 먼저 떠올리는 이미지는 장마당이다. 편의상 종합시장으로 불리는 북한의 장마당은 1990년대 경제위기 이후 지난 30여 년간 북한 전역으로 확대되었다. 장마당 없이 살기 어려운 북한의 현실은 공식적인 국영 유통망 체계가 붕괴되었음을 보여준다.

시장의 확대는 단순히 물건을 사고파는 물리적 유통공간의 확산만이 아니다. 수요와 공급이 만나 가격이 결정되고, 이 가격이 시장 참여자의 의사결정에 필요한 정보 기능으로 작동하는 시장 메커니즘의 확산이다. 그리고 이러한 시장 메커니즘의 확산은 주요 경제주체, 즉 기업과 개인은 물론 정부까지도 시장 메커니즘의 영향을 받을 수밖에 없게 만든다.

북한의 노동시장은 여전히 당국이 강력하게 통제하는 불법의 영역이다. 북한은 사회주의 체제의 특성상 노동력의 상품화를 강력하게 거부하면서 현실에서 엄연하게 존재하고 있는 노동시장을 인정하지 않는다. 노동시장에서 약자인 노동자를 보호해야 할 국가가 오히려 노동자를 억압하는 아이러니한 상황이 북한 노동시장의 현실이기도 하다.

그러나 북한 당국은 노동시장을 일방적으로 억제하지만은 않는다. 왜냐하면 경제위기 이후 계획을 중심으로 하는 국민경제의 순환고리가 끊어지면서 시장을 활용하지 않고서는 국가 운용에 필요한 재정을 흡수하기 어렵기 때문이다. 특히 김정은 시대 들어 북한은 「기업소법」을 제정하여 기업에 노력조절권으로 대변되는 노동력 관리 권한을 부여함으로써 노동시장이 성장할 수 있는 여건을 만들어주었다. 물론 이러한 변화는 당국이 노동시장을 인정하고 보호하기 위한 주도적 정책 변화라기보다는 점점 커지고 있는 시장의 힘에 대응하는 차원에서 이루어진 불가피하고도 수동적인 대처에 가깝다.

중요한 것은 당국의 의도와 상관없이 시장화의 진전 속에 노동시장이 대다수 북한 주민의 필수적인 생계 수단이 되었다는 점이다. 오늘날 북한 노동시장은 시장의 영역뿐만 아니라 계획의 영역에서도 그 영향력을 넓히고 있다. 노동시장은 존재만으로도 노동자들이 노동계획의 영역에서 이탈할 수 있게 만드는 중요한 대안이기 때문이다.

북한 당국이 노동시장을 대신할 국영 일자리를 충분히 공급하지 않는 한, 장기적으로 노동시장은 성장해나갈 수밖에 없다. 다른 한편, 북한 노동시장은 노동자들의 근로소득을 보장해주고 노동계획의 경직성을 완화해주는 등 여러 측면에서 체제 보완적인 역할도 감당한다. 노동시장이 커질수록 체제 정체성과 현실 사이에서 당국의 딜레마도 깊어질 것이다.

내부자금 활용을 위한 금융의 변신

북한의 금융 체제는 전통적으로 중앙은행을 중심으로 운영되어 왔다. 이는 사회주의 계획경제에 기반한 국가 주도의 경제 운영을 의미한다. 북한의 중앙은행인 조선중앙은행은 은행권 발행, 통화량 조절은 물론 예금 및 대출업무 등 상업은행의 기능까지도 함께 하는 '단일은행제도'를 유지하였다.

그러나 1990년대 이후 북한경제가 어려움을 겪으면서 금융 체제에도 큰 변화가 일어났다. 장마당을 중심으로 시장화가 진행되며 개인 간 현금거래가 증가하였고, 유통되는 현금의 양도 급격히 늘어났다. 이러한 현금거래의 확산은 국가가 돈의 흐름을 파악하고 관리해야 할 새로운 과제를 부여했다. 결국 북한 당국은 전자결제카드와 전자상거래를 도입해 통제를 강화하고 있다.

또한, 국제 무역과 시장거래가 늘어나면서 달러, 위안화 등의 외화 사용이 급증하는 '달러라이제이션' 현상이 나타났다. 이는 화폐개혁과 물가 급등으로 북한 원화의 가치가 낮아지는 결과를 가져왔다. 대표적으로 2009년 화폐개혁 당시, 10만 원까지만 교환 가능하고 나머지는 강제로 은행에 예금하도록 한 조치가 주민들에게 큰 불신을 초래했다.

김정은 집권 이후 금융 체제는 중앙은행의 도(道) 총 지점을 상업은행으로 전환하는 이원적 은행제도(two-tier banking system)로 변화되었다. 이렇게 만들어진 상업은행은 그 업무 범위가 점차 확대되고 있다. 이는 시장화가 심화되면서 주민들의 자금 수요가 증가하고 내부자금(內資)을 활용할 필요성이 커졌기 때문이다. 특히 상업은행은 주민들의 예금을 기업과 공장들이 필요로 하는 자금으로 공급하는 중개 기관의 역할을 강화하고 있다. 이를 위해 금융기관의 자립적 운영을 강조하는 '금융기관채산제'도 도입되었다.

하지만 북한 금융시스템의 변화와 함께 고금리의 사금융 확산이라는 부작용도 나타났다. 특히 생활 형편이 어려운 주민들이 돈주로 알려진 자본가들에게 높은 금리로 돈을 빌릴 수밖에 없는 상황이 발생하며 조직폭력과 인신매매 같은 사회적 문제도 증가하고 있다.

결론적으로, 김정은 시대에 경제위기가 지속되고 시장화가 진전되면서 내부자금을 활용해 금융의 역할을 확대하려는 노력이 강화되고 있다. 이는 금융 체제를 통해 시장화의 문제를 해결하고 주민과 공장, 기업소의 자금 수요를 충족시키려는 시도로 보인다. 여전히 북한 금융의 변화는 현재 진행형이다. 이러한 변화는 단기적으로 북한 내부 경제의 안정화를, 장기적으로는 시장화와 관련된 새로운 경제 구조로의 전환을 의미한다고 볼 수 있다.

지방경제의 새로운 변화

북한 정권 수립부터 3대 지도자 모두 관심을 보인 지방경제이지만, 분명 김정은 정권 시기 지방경제 정책은 주목할 만하다. 김정은 시대 지방경제의 변화를 어떻게 정리할 수 있을까?

먼저, 지방경제 정책이 변화한 배경을 통해 정리해 보자. 2012년 김정은의 집권 이후 2024년 사이 지방경제 정책 분기점은 2021년이다.

정권 초기 김정은 정권은 김일성-김정일 정책을 수용하는 한편, 김정은식 지방경제 발전구상을 모색하였다. 「지방예산법」과 더불어 「편의봉사법」 등 다양한 부문의 법이 제정되어 지방재정의 법적 토대가 마련되고, 국가적 대외경제 활성화를 지방까지 확대하여 지방급 경제개발구도 설치하였다. 사회주의 기업책임관리제 공식화, 독립채산제 강화도 지방경제에 영향을 미쳤다.

2010년대 중후반부터 대외환경 변화에 따라 북한의 발전전략이 변화하기 시작하며 지방경제 정책은 숨 고르기에 들어간다. 특히 핵실험 및 미사일 발사로 인한 각종 제재 강화(2016-2017), 북미 정상회담의 결렬(2019), 코로나-19 발생(2020) 등의 영향을 받아 북한 국가경제발전 목표가 국가경제의 자립적 구조를 완비하는 것으로 변경된다.

이에 따라 역설적으로 지방경제는 더욱 강조되기 시작한다. 그 시작은 2021년 8차 당대회였다. 8차 당대회 이후 북한은 「시, 군발전법」 제정, 농촌발전 강조에 따른 '새시대 농촌혁명강령' 등장, 지방공업 발전을 추진하는 '지방발전 20×10 정책'을 잇달아 진행하고 있다.

다음으로, 김정은 시대 지방경제 정책의 특징을 통해 변화상을 정리해 보면, 첫째, 장기계획이 시작되었다. 이전 시기 지방경제 정책은 단기적인 정책의 연속이었으나, '새시대 농촌혁명강령', '지방발전 20×10 정책'에서 볼 수 있듯이 김정은 시대에는 10년짜리 장기계획이 선포되고 시행되고 있다. 또한, 지방급 경제개발구는 시행되지는 못했지만, 미래의 지방발전 방법을 새롭게 제시했다는 측면이 있다.

둘째, 법제화가 본격화되었다. 법제화는 김정은 집권 이후 국가 전반에서 나타나는 현상이다. 지방경제만 특정했다고 볼 수 없지만, 각종 법령이 처음으로 제정되었다는 점에서 분명한 의의가 있다. 앞서 살펴본 「지방예산법」, 「경제개발구법」, 「시, 군 발전법」 외에도 「인민경제계획법」, 「편의봉사법」, 「사회주의농촌발전법」 등 지방경제와 직·간접적으로 관련이 있는 법들까지 포함하면 지방경제의 부분, 부분이 법으로 규정되어 제도적 구속력이 높아졌다.

법적 토대 강화와 장기계획 실천이 꾸준히 진행된다면 김정은 시대 지방경제는 새로운 도약의 시기로 평가될 것이다. 그러나 현실은 녹록하지 않다. 일례로 통일부는 상업 위성을 통해 '지방발전 20×10 정책' 집행 첫해의 진행 상황을 파악한 결과를 발표하며, 기본적인 골조 공사는 마무리한다고 해도 전력난 및 물자 부족 등으로 장기적인 공장 운영에 대해서는 의문이라 평가했다. 만성적인 전력난과 물자 부족은 지방경제 발전에 걸림돌이 될 것이다. 과연 김정은 시대 지방경제는 이를 극복하고 앞으로 나아갈 수 있을까?

대북 제재와 새로운 출구 찾기

우리는 언젠가부터 제재가 없는 북한경제를 상상할 수 없게 됐다. 김정은 시대에 국제사회의 대북 제재는 북한경제를 제2의 '고난의 행군'이라 할 만큼 극단으로 몰아넣었다. 대북 제재는 북한과 외부로 오가는 물자와 사람, 돈을 차단하는 거대한 장벽과 같았다.

특히 2016년과 2017년 북한이 세 차례의 핵실험과 두 차례의 ICBM 발사 시험을 통해 핵 무장 단계에 이르자 UN 안전보장이사회는 전에 없었던 수위의 대북 제재를 단행하였다. 뿐만 아니라 연이어 발생한 코로나-19 팬데믹은 국제사회의 대북 제재가 거의 완벽하게 이행된 것과 같은 결과를 가져왔다.

2016년 UN의 대북 제재가 본격화된 이후 감소하기 시작한 북한의 대외 무역은 2020년 코로나-19 팬데믹으로 최악의 상황을 맞이하였다. 특히 2016년 28억 달러였던 수출은 2021년 8천만 달러로 곤두박질쳤다. 북한은 자력갱생을 통한 '정면 돌파'를 선언하고 해상 환적 등을 통해 대북 제재를 극복하려 했으나 이마저도 코로나-19 팬데믹 상황에서 스스로 국경을 봉쇄하며 난관에 부딪혔다.

하지만 강고했던 대북 제재 동맹에 균열이 발생하고 있다. 무역전쟁으로 대표되는 미국과 중국의 갈등, 그리고 우크라이나 전쟁으로 어려움을 겪던 러시아가 북한과 새로운 동맹을 구축하면서 국면이 전환된 것이다. 북한의 미사일 시험발사 등 무력 도발이 지속되고 있으나 추가적인 대북 제재는 러시아와 중국의 거부권 행사로 막혀 있다.

김정은 체제는 이 기회를 적극적으로 활용하고 있다. 특히 러시아에 대한 파병과 무기 수출을 시작으로 새로운 출구전략을 모색하고 있다. 다만 다시 돌아온 트럼프 정부의 한반도 정책과 미중 무역전쟁, 그리고 한국 정부의 대응이 한반도, 그리고 북한경제에 어떤 영향을 미칠지 아직은 불확실한 상황이다.

분명한 것은 강력한 대북 제재 속에서 북한경제는 생존했고 북한의 경제주체들은 이러한 생존을 위해 지금도 새로운 변화를 모색하고 있다는 점이다. 북한을 암상자에 가둬놓고 바라보기보다는 북한 내부의 다이나믹스를 구체적으로 이해하려는 노력이 필요한 이유가 여기에 있다.

참고자료

| 국내자료 |

국가정보원, 『북한법령집 上』, 국가정보원, 2024.
국가정보원, 『북한법령집 下』, 국가정보원, 2024.
국가정보원, 「국정원, 북한 특수부대 러-우크라 전쟁 참전 확인」, [보도자료] 2024.10.18.
국립통일교육원, 『2024 북한 이해』, 국립통일교육원, 2024.
국립통일교육원, 『북한지식사전』, 국립통일교육원, 2021.
공용철, 「북한의 노동시장 형성에 관한 연구」, 북한대학원대학교 석사학위논문, 2010.
김규철, 「2023년 북한의 대외무역 평가와 전망」, 『KDI 북한경제리뷰』 2024년 1월호, 2024.
김영희, 「최근 북한 관광산업 동향」, 『한반도 Issue + 제2호』, KDB산업은행, 2020.
김영희, 「최근 북한 소매상업의 변화」, 『북한 포커스』, KDB산업은행, 2020.
김영희, 「최근 북한 소매상업의 현황」, 『Weekly KDB Report』, KDB산업은행, 2020.
김영희, 『김정은의 경제개발, 오래된 미래』, 매봉출판, 2018.
김영희, 「김정은 정권의 개발독재 방식의 경제개혁」, 『KDB북한개발』 통권1호, 2013.
김영희·김병욱, 「북한의 상업활동 변화와 2000년 이후 상업법 개정」, 『통일정책연구』 제24권 제2호, 2015.
김일한, 「북한의 경제정책 변화와 전망·과제」, 8차 당대회와 북한 체제: 남북관계 과제 토론회, 2021.6.1.
김중호, 「북한 경제 실태 평가 및 시사점」, 『The Asan Istitute for Policy Studies-Issue Brief』, 2023-28, 2023.

박영자 외, 『북한 주민의 가정 생활: 국가의 기획과 국가로부터 독립』, 통일연구원, 2023.
박은진, 「북한의 달러라이제이션 실태 및 평가」, 『주간KDB리포트』 제830호, KDB산업은행, 2019.
박창진 외, 「북한의 전자상거래를 통한 외화흡수 현황과 전망」, 『Weekly KDB Report』, KDB산업은행, 2022.
선슬기, 「북한의 시장화 수준 평가와 시장화가 경제성장에 미치는 영향에 관한 연구: 경제구조전환의 관점에서」, 중앙대학교 일반대학원 박사학위논문, 2023.
손광수, 「북한 주민의 전화돈 활용 사례 연구」, 『KB북한연구』 2020-8, KB금융지주 경영연구소, 2020.
양문수·임송, 「북한의 경제체제에 관한 연구: 실태와 평가」, 『經濟分析』 제28권 제3호, 2022.
양운철, 『북한 상품의 국산화: 자력갱생과 수입대체의 연계』, 세종연구소, 2019.
오상봉 외, 『북한 노동시장의 현황』, 한국노동연구원, 2018.
윤세라, 「북한 지방경제에 관한 연구」, 동국대학교 박사학위논문, 2024.
이상근, 「북한의 관광 활성화 정책 재추진 전망과 파급영향」, 『INSS전략보고』 No. 231, 2023.
이상만, 「북한 시장화 지원방안-내수 자영업자 육성방안」, 통일준비위원회, 2015.
이석 외, 『대북제재의 영향력과 북한의 경제적 미래』, 한국개발연구원, 2021.
이석기, 「2023년 북한 산업 평가와 2024년 전망」, 『KDI 북한경제리뷰』 2024년 1월호, 2024.
이석기 외, 『김정은 시대 북한 경제개혁 연구: 우리식 경제관리방법을 중심으로』, 산업연구원, 2018.
이영훈, 「나선 경제특구 개발의 결정요인 및 전망」, JPI경제포럼 세미나 자료집, 2015.
이완범, 『박정희와 한강의 기적』, 선인, 2006.
이우영 외, 『북한 경제사회실태보고서』, 통일부, 2024.
이현주·김미숙, 「북한 관광인프라 실태 및 개선방향에 관한 연구」, 『국토계획』, 제58권 제3호(2023).
이해정 외, 「북한의 관광정책 추진 동향과 남북 관광협력에 대한 시사점」, 한국개발연구원, 2019.

임수호·최유정·홍석기, 「경제개혁의 재평가와 전망: 선군 경제 노선과의 연관성을 중심으로」, 『KIEP 15-02』, 대외경제정책연구, 2015.
장혜원, 「경제위기 이후 북한 노동시장에 관한 연구」, 북한대학원대학교 박사학위논문, 2025.
정승호, 「2023년 북한 시장 물가·환율의 추세 및 시장정책 동향」, 『KDI 북한경제리뷰』 2024년 1월호, 2024.
정일영, 『한반도 오디세이』, 선인, 2023.
정일영 외, 『한반도 스케치北』, 한반도데스크, 2021.
최설, 「경제난 이후 북한 순천 지역경제의 발전에 관한 연구」, 북한대학원대학교 박사학위논문, 2022.
최장호, 「최근 북한의 대외무역과 시장물가」, 『제8차 당 대회 이후 북한경제 현실과 전망』, 경남대 극동문제연구소, 2023.
최정욱, 「북한 세금 관련 법제의 시기별 변화에 관한 연구」, 북한대학원대학교 박사학위논문, 2020.
최정욱, 「북한의 세금제도 폐지와 재도입 가능성에 관한 연구」, 『조세연구』 2019년 3월호, 2019.
최재헌, 「김정은 집권 이후 북한의 재정·금융 부문 연구 현황과 함의: 『경제연구』 게재 논문을 중심으로」, 『KDB북한개발』 제27호, 2022.
통일부, 『북한 경제·사회 실태 인식보고서』, 통일부, 2024.
통일부, 『북한 경제·사회 실태 인식보고서』, 통일부, 2024.
황주희·최현규, 「북한의 재자원화 정책 추진 동향」, 한국과학기술정보연구원, 2021.
황주희, 「노동신문으로 본 김정은 시대 평양의 상업공간 이해」, 『평양의 도시정치와 공간구조』, 통일연구원, 2023.
홍민 외, 『2022 북한 공식시장 현황』, 통일연구원, 2022.
홍민 외, 『북한 변화 실태연구: 시장화 종합 분석』, 통일연구원, 2018.
홍민 외, 『북한 전국 시장정보: 공식 시장 현황을 중심으로』, 통일연구원, 2016.
홍제환, 「북한의 제재 회피 활동과 그 한계: 대북제재위 전문가 패널 보고서를 중심으로」, 『KINU Online Series』 CO 24-25, 2024.

IBK기업은행 경제연구소, 「24년 6월 北-中 무역통계 동향」, 『월간 北-中 무역통계』, 2024.
Kotra, 「2023 북한 대외무역 동향」, Kotra, 2024.

Kotra, 「2022 북한 대외무역 동향」, Kotra, 2023.
Kotra, 「2016 북한 대외무역 동향」, Kotra, 2017.

연합뉴스, 「제15차 평양가을철국제상품전람회 개막」, 2019.9.24.
파이낸셜뉴스, 「'장마당·택시·휴대폰' 북한경제 이끈다.」, 2018.9.25.
한국농정, 「[지금 북녘은] 북한식 새마을운동으로 분주」, 2023.8.5.
Daily NK, 「北, 카드·전자결제 사용 압박 ↑」, 2024.7.19.
Daily NK, 「"누구든 원하면 시장 매대, 개인 매장 등록하라"…무슨 일?」, 2024.3.29.
Daily NK, 「평양 무역일꾼들, 명품 가방·옷·신발 등 사치품 대거 주문」, 2024.2.27.
Daily NK, 「지난해 국가납부 계획금 미달한 남포시, 세수 확보에 '총력'」, 2023.2.6.
Daily NK, 「북한 스마트폰 앱 '외화상점2.0' 인기…1~2주면 물건 배달」, 2022.9.6.
RFA, 「북, 편의봉사법 개정 후 국가 납부금 대폭 인상」, 2022.11.18.
RFA, 「북 당국, 샘물장사꾼에 세금 부과 논란」, 2021.11.8.
RFA, 「김정은 지칭 '은하' '은하수' 국제 상표로 등록」, 2017.10.31.

| 북한자료 |

경철성, 「손전화 지불봉사의 조직과 경영관리」, 『경제연구』 제187호, 2020.
김일성, 「농촌금융사업에 대한 위대한 수령 김일성동지의 교시(발췌)」, 평양: 조선노동당출판사, 1976.
리유정, 「이동통신망을 리용한 주민금융봉사를 활성화하는데서 나서는 중요문제」, 『경제연구』 제179호, 2018.
사회과학출판사, 『재정금융사전』, 평양: 사회과학출판사, 1995.
사회과학출판사, 『경제사전 2』, 평양: 사회과학출판사, 1985.
인민보안성출판사, 『법투쟁부문 일군들을 위한 참고서』, 평양: 인민보안성인쇄공장, 2009.
조선노동당출판사, 『조선노동당역사』, 평양: 조선노동당출판사, 2006.
조선노동당출판사, 『우리당의 선군시대 경제사상해설』, 평양: 조선노동당출판사, 2005.

조선중앙통신, 「강원도 김화군의 지방공업공장들 공업생산액 장성, 인민생활개선」, 2024.1.29.
조선중앙통신, 「조선민주주의인민공화국과 로씨야련방사이의 포괄적인 전략적 동반자관계에 관한 조약」, 2024.6.20.
차명철, 『조선민주주의인민공화국 주요경제지대들』, 평양: 조선민주주의인민공화국 외국문출판사, 2018.
노동신문, 「최우수제품들에 12월 15일 품질메달이 수여되였다」, 2024.12.21.
노동신문, 「과학기술력량육성을 생산과 건설에 앞세워야 한다」, 2024.12.08.
노동신문, 「경애하는 김정은동지께서 《지방발전 20×10 정책》 성천군 지방공업공장 준공식에서 하신 연설」, 2024.12.21.
노동신문, 「자재공급사업을 이들처럼 개선해나가자 리원군인민위원회 자재상사의 경험을 놓고」, 2024.6.16.
노동신문, 「조선로동당 중앙위원회 제8기 제19차 정치국 확대회의에 관한 보도」, 2024.1.25.
노동신문, 「경애하는 김정은동지께서 조선민주주의인민공화국 최고인민회의 제14기 제10차회의에서 강령적인 시정연설을 하시였다」, 2024.1.16.
노동신문, 「《은하수》향기를 더 짙게 해가는 사람들」, 2023.12.9.
노동신문, 「우리 식 사회주의건설을 새 승리에로 인도하는 위대한 투쟁강령 조선로동당 제8차대회에서 하신 경애하는 김정은동지의 보고에 대하여」, 2021.1.9.
노동신문, 「주체비료를 정상적으로 생산보장」, 2020.4.24.
노동신문, 「수도의 대동력기지에 메아리치는 거세찬 증산의 동음: 평양화력발전련합기업소에서 새해 첫날 전력생산계획 초과완수」, 2020.1.2.
노동신문, 「몸소 지펴주신 경쟁의 불길」, 2019.3.24.
노동신문, 「세계적인 경쟁력을 가진 질좋은 화장품들을 개발생산 - 평양화장품공장 《은하수》제품들의 품질을 유라시아경제동맹이 인증」, 2019.1.27.
노동신문, 「땅우에 내려앉은 사랑의 《은하수》: 평양화장품공장에서」, 2018.3.27.
노동신문, 「현대적인 순환비등층보이라가 은을 낸다 남흥청년화학련합기업소에서 재자원화가 실현된 에네르기절약형의 증기생산공정 확립」, 2017.2.2.

| 해외자료 |

Byung-Yeon Kim, *Unveiling the North Korean Economy: Collapse and Transition*, Cambridge University Press, 2017.

David W. Pearce, Ed., *The MIT-Dictionary of Modern Economics*, The MIT Press, 1986.

United Nations Security Council(S/2019/171), 「Letter dated 4 March 2024 from the Panel of Experts established pursuant to resolution 1874 (2009) addressed to the President of the Security Council」, (2024.3.7).

United Nations Security Council(S/2024/215), 「Letter dated 21 February 2019 from the Panel of Experts established pursuant to resolution 1874 (2009) addressed to the President of the Security Council」, (2019.3.5).

| 인터넷 자료 |

구글어스, https://earth.google.com
남북교류협력지원협회, https://sonosa.or.kr
남북관계관리단, https://dialogue.unikorea.go.kr
북한자료센터, https://unibook.unikorea.go.kr
북한정보포털, https://nkinfo.unikorea.go.kr
통일법제데이터베이스, https://unilaw.go.kr
통일부 북한정보포털, https://nkinfo.unikorea.go.kr
Beyond Parallel, https://beyondparallel.csis.org
Kotra 해외시장뉴스, https://dream.kotra.or.kr/kotranews
Office of the Law Revision Counsel United States Code, https://uscode.house.gov
United nations security council, https://main.un.org/securitycouncil
UN Documents for DPRK(North Korea): Sanctions Committee Documents, www.securitycouncilreport.org